大学生素质教育系列教材 · 国民素质教育培训系列教材

演讲与口才训练

王 洋 主编

卢 彬 张凌彦 副主编

U0361674

清华大学出版社

北京

内 容 简 介

本书严格按照国家教育部关于"加强国民素质教育"的要求,结合大学生演讲与口才基本素质训练,系统介绍了演讲与口才训练的基本要求、思维训练、写作训练、用气发声技巧、演讲实用技巧、演讲应注意的问题等需要掌握的必备知识。

本书具有知识系统、内容丰富、贴近实际、注重创新、有操作性、强化素质培养等特点,并针对演讲与口才表达能力的提升配有大量拓展训练方案,既可作为普通高等院校学生演讲与口才训练的首选教材,也适用于企业员工培训,并为大学生就业、创业和社区工作者提高语言表达能力及交际水平提供学习指导。

图书在版编目(CIP)数据

演讲与口才训练/王洋主编.—北京:清华大学出版社,2018(2024.1重印)
(大学生素质教育系列教材·国民素质教育培训系列教材)
ISBN 978-7-302-48722-7

Ⅰ. ①演… Ⅱ. ①王… Ⅲ. ①演讲学-高等学校-教材 ②口才学-高等学校-教材 Ⅳ. ①H019

中国版本图书馆 CIP 数据核字(2017)第 272648 号

责任编辑:田在儒 闫一平
封面设计:傅瑞学
责任校对:刘 静
责任印制:丛怀宇

出版发行:清华大学出版社
  网 址:https://www.tup.com.cn,https://www.wqxuetang.com
  地 址:北京清华大学学研大厦 A 座   邮 编:100084
  社 总 机:010-83470000   邮 购:010-62786544
  投稿与读者服务:010-62776969,c-service@tup.tsinghua.edu.cn
  质量反馈:010-62772015,zhiliang@tup.tsinghua.edu.cn
印 装 者:小森印刷霸州有限公司
经 销:全国新华书店
开 本:185mm×260mm 印 张:11   字 数:261 千字
版 次:2018 年 6 月第 1 版   印 次:2024 年 1 月第 7 次印刷
定 价:36.00 元

产品编号:070404-02

教材编审委员会

序　言

　　新中国成立以来,党和政府一直高度重视教育,特别强调要全面提高学生的综合素质。
2001年6月,中共中央国务院《关于深化教育改革全面推进素质教育的决定》做了最为明确、
准确的表述:"实施素质教育就是全面贯彻党的教育方针,以提高国民素质为根本宗旨,以培
养学生的创新精神和实践能力为重点,造就有理想、有道德、有文化、有纪律的德智体美劳全
面发展的社会主义建设者和接班人。"

　　素质教育是以提高民族素质为宗旨的教育,它是依据《中华人民共和国教育法》规定的
国家教育方针,着眼于受教育者及社会长远发展的要求,以面向全体学生、全面提高学生的
基本素质为根本宗旨,以注重培养受教育者的态度、能力,促进他们在德智体美劳方面生动、
活泼、主动地发展为基本特征的教育。

　　素质教育的内涵丰富,从定位角度来看,"素质教育的宗旨是提高国民素质,目标是培养
德智体美劳全面发展的合格公民,灵魂是思想道德教育,重点是提高创新精神和实践能力";
从功能角度来看,"素质教育充分考虑人与社会发展的需要,尊重学生的主体地位、主动精神
和个性差异,注重形成健全的人格";从价值取向角度来看,"素质教育关注人的'能力、创造
性、潜在竞争力、可持续发展',并以促进学生的长远发展作为核心价值"。

　　目前,我国已进入全面建设小康社会,加快推进社会主义市场经济,加速现代化经济发
展的关键时期。随着全球经济一体化进程的加快和科技进步的日新月异,随着改革开放和
中国经济国际化发展的趋势,随着国家经济转型和产业结构调整,需要解决就业、择业、晋
升、薪酬、竞争、恋爱、生理、心理、治安等社会问题,而解决这些社会问题的最根本和最好的
办法,就是关注早期素质教育,加强综合素质培养。

　　21世纪,我国从计划经济体制转变为社会主义市场经济体制,经济增长方式从粗放型
转变为集约型,而且正在实施"科教兴国"和"可持续发展"战略。我国要在21世纪激烈的国
际竞争中处于战略主动地位,最大的问题就是解决好人的素质和人才问题。

　　国以才立,政以才治,业以才兴,素质是人才的根本,社会主义事业需要合格的建设者和
可靠的接班人。人的实践需要人的主观能动性、创造性、自主性,现代化建设需要人的求实
精神、开拓精神、无私奉献精神,社会主义市场经济需要人的创造力、应变力、竞争力、承受
力。从根本上说,人的这种主体性、精神、能力都来源于人的素质,只有不断提高人的素质,
才能推进人的全面发展,造就数以亿计的高素质劳动者、数以千万计的专门人才和一大批拔
尖的创新创造型人才。

　　本系列教材根据《中华人民共和国教育法》规定的国家教育方针,全面贯彻党的素质教

育要求,以高等院校、职业院校为主,兼顾企业、社区工作者和居民,属于通用型的素质教育培训教材。

　　本系列教材作为素质教育培训的特色教材,坚持以科学发展观为统领,力求严谨,注重与时俱进;在吸收国内外素质教育权威专家、学者的最新科研成果的基础上,融入了素质教育的最新教学理念;依照素质教育所设计的问题和施教规律,根据素质教育发展的新形势和新特点,全面贯彻国家新近颁布实施的有关素质教育的法律、法规及管理规定;按照社会及企业用人的需求模式,结合解决学生就业及加强素质教育的实际要求;注重结合大学生遇到的各种问题,强化德智体美劳全面发展,突出培养创新精神和实践能力,并注重教学内容和教材结构的创新。

　　本系列教材的出版,对普及国民素质教育,创建和谐社会,帮助学生加强素质培养,提高竞争力,毕业后能够顺利就业具有特殊的意义。

编委会

2017 年 8 月

前　言

随着中国社会活跃和经济的快速发展，国际交往、商务合作、文化交流日趋频繁，演讲与口才，即敢说、能说、会说、巧说已逐渐成为有效沟通与合作的重要手段，并在国际交流、社会活动、技术合作、立项论证、日常工作、人际沟通、创业就业等方面发挥着越来越大的作用，因而获得各国政府和我国各级教育主管部门的高度重视。

美国国务院规定，报考外交官要通过45分钟的考试，以判断其说话与写作能力。日本、新加坡等国家规定，政府工作人员必须经过3个月以上演讲训练才能从事工作。我国需要开展演讲与口才训练，尤其在对内、对外公共演讲，领导人与公众、国与国外交谈判、国际企业业务洽谈、军事对话，以及企事业单位之间、同事之间、上下级之间，甚至家庭成员之间、朋友之间交往需要沟通，有问题需要说话时，一定要说清楚。

一个人就业入职的成功，15%取决于知识和技术，85%取决于沟通，即发表自己意见的能力和激发他人热忱的能力。语言是一种工具，它使人们的意愿和思想得到交流。在现代生活中人们越来越重视演讲与口才方面的知识和修养。演讲不仅是获取信息的重要途径，也是扩大联系积累资源的绝佳机会。出色的演讲口才可使熟识的人情更浓、爱更深；可使陌生人产生好感、结交友谊；可使有分歧的人相互理解、化解矛盾。

"演讲与口才训练"既是各类高校素质教育的必修课程，也是当代大学生必须掌握的关键素质能力。当今社会一个人的说话能力，已被当作考查个人综合能力的重要指标，一个人的发展成功与否取决于其说话的能力。能说会道、善言巧辩、口才卓越的人越来越显示一种独特的优势，成为一种人们不可缺少和迫切需要具备的素质与才能。

本书作为大学生素质教育的特色教材，以《国家中长期教育改革和发展规划纲要（2010—2030年）》为指导，坚持科学发展观，严格按照国家教育部关于"加强国民素质教育"的要求而编写。本书的出版对加强演讲与口才训练、强化大学生自身素质培养、提高大学生就业创业竞争力、更好地为我国经济建设服务具有积极作用和特殊意义。

全书共8章，以学习者就业创业素质与发展能力培养为主线，为配合国家正在实施的大学生就业工程，结合大学生演讲与口才基本素质训练，系统介绍了演讲与口才训练的基本要求、思维训练、写作训练、用气发声技巧、演讲实用技巧、演讲应注意的问题等需要掌握的必备知识，并通过必要的实践体验与训练，提高演讲与口才能力。

本书融入了大学生演讲与口才训练最新的教学理念，力求严谨，注重与时俱进，因此本书具有知识系统、内容丰富、贴近实际、注重创新、有操作性、强化素质培养等特点。同时本书针对演讲与口才表达能力的提升配有大量拓展训练方案，既可作为普通高等及各类院校学生演讲与口才训练的首选教材,也适用于企业员工培训,并为大学生就业创业和社区工作者提高语言表达能力及交际水平提供学习指导。

本书由李大军进行统筹策划并具体组织,王洋担任主编并统改稿,卢彬、张凌彦担任副主编,由演讲与口才训练专家张美云教授主审。作者编写分工:牟惟仲序言,张凌彦第一章,王洋、张凌彦第二章,石运宝第三章,赵玉玲第四章,卢彬第五章,王洋第六章,吴瑜第七章,胡颖第八章,华燕萍、李晓新文字修改、版式调整、制作教学课件。

在本书编写过程中,我们参阅了大量有关演讲与口才训练的最新书刊和网站资料,并得到有关专家教授的具体指导,在此一并致谢。

为配合本书发行使用,我们提供配套电子课件,读者可以从清华大学出版社(www.tup.com.cn)网站免费下载。

作者水平有限,书中难免存在不足,故恳请同行和读者批评指正。

编 者
2018 年 1 月

目 录

第一章

绪论

学习目标

（1）掌握演讲与口才的基本概念和特点；

（2）练就一副好口才，创造"生产力"。

技能要求

（1）充分认识演讲与口才的重要性，了解演讲与口才的基本概念、内涵和特点；

（2）掌握演讲与口才训练的基本原则，解决容易出现的问题。

第一节 演讲与口才的基本概念

一、演讲与口才的内涵

（一）演讲的内涵与特点

大家都知道演讲与口才是 21 世纪人才需要掌握的 4 种能力之一。自古以来，我国就十分推崇演讲与口才。《说文解字》中对演讲的解释是："演，长流也。"段玉裁对此注释："演之言，引也，故为长远之流。"可见"演"的本意为水流，转义为语流，最后引申为说话像水流一样顺畅。

"讲"在《说文解字》中解释为"和解"，"讲"有剖析解释，调和矛盾的作用。演讲又叫讲演或演说，是指在公众场所，以有声语言为主要手段，以体态语言为辅助手段，针对某个具体问题，鲜明、完整地发表自己的见解和主张，阐明事理或抒发情感，进行宣传鼓动的一种语言交际活动。同时演讲也是一种对自身沟通能力的提升。演讲具有以下几个特征。

1. 客观真实性

客观真实性是演讲的首要前提，一篇好的演讲稿一定要符合客观事实，所举的例子要有真实性，所讲的道理要符合客观性，虚假的东西是没有说服力的。另外，在演讲的过程中，演讲者也必须用真挚的情感进行表达，矫情的表达方式是不能够打动受众的。

因此一次成功的演讲，必须符合客观真实性，用真人、真事、真实的情感来阐述自己对某一问题的态度和观点,同时要与受众产生思想和情感上的共鸣,从而达到很好的演讲效果。

2.艺术审美性

艺术审美性是人类审美活动中的一种高级、特殊的形态。所谓审美,简单地说就是感受、领悟客观事物或现象本身所呈现的美。

演讲是优于一切现实的口语表现形式,它要求演讲者在演讲过程中用精练、有逻辑性、紧凑、跌宕起伏的语言来进行表达,也就是说,演讲的语言具有艺术性。另外,受众在欣赏演讲的过程中,在受到启发、鼓舞、教育、感动的同时,也是一种高级的审美体验,得到美的享受。

3.明确针对性

演讲都是有一定目的性和针对性的,任何一次演讲都是为了达到演讲者的某种目的,无目的、无针对性的演讲没有说服力和震撼力。另外,演讲主题应是众所周知的问题,要注意听众的年龄、身份、文化程度等,这就是演讲的针对性,有针对性地进行演讲才会达到预期的目的。

4.感染鼓动性

演讲者要有鲜明的观点、独到的见解和看法以及深刻的思想等,要善于用流畅生动、深刻风趣的语言和恰当的修辞打动听众,这就是演讲的感染性。鼓动性是指演讲者要激发听众的思想情感,唤醒听众的热情,促使听众积极主动参与情感的互动,这是演讲成功的重要标志。

5.演讲是一门综合的语言艺术

一场成功的演讲需要演讲者、听众以及现场的气氛共同配合完成,缺一不可,而演讲者在整个演讲过程中起到主导作用。

在演讲的过程中,演讲者必须做好充分的准备,无论是有稿件的演讲,还是无稿件的即兴演讲,都需要演讲者能够驾驭整个演讲的现场,随之应对演讲中出现的任何情况。这也要求演讲者具有正确的人生观、价值观,积极进步的思想、较强的语言表达能力,良好的心理素质以及交流沟通能力,只有这样演讲者的演讲才会深入人心,打动受众。

 案例

你知道演讲与口才在生活中的重要性吗

英国诗人乔治·莫瑞是一位木匠的儿子,他很受当时英国上层社会的尊重。他从不隐瞒自己的身份,这在当时的英国社会是不多见的。一天,一个富家子弟来拜访他,一见面就问:"对不起,请问阁下的父亲是不是一位木匠?"

"是的。"诗人答道。

"你父亲为什么没有把你培养成木匠呢?"富家子弟故作不解地问。

诗人笑了笑,不急不慢地说:"阁下的父亲想必是绅士?"

"是的!"富家子弟傲气十足地回答。

"你父亲怎么没把你培养成一位绅士呢?"诗人问道。

(二)口才的内涵与特点

口才是指说话的能力与才能,也是一门口语表达艺术。一般认为是人才不一定有好的口才,但是具有好口才的人多数是人才,只说不做,是假把式,只做不说是傻把式,而所有人都希望自己做既能做又能说的真把式。想拥有一副好的口才,要求人们具备以下几个能力:有感染力的声音;表现力强的语言表达;丰富恰当的态势语;很高的沟通能力和亲和力。

二、 演讲与口才训练的必要性

演讲与口才都属于社会活动,具有一定的社会性,古今中外许多名人都具有很好的口才以及演讲能力。如《三国演义》中的一段精彩片段——诸葛亮舌战群儒:诸葛亮用自己三寸不烂之舌说服了东吴孙权以及众大臣共同抗曹。

周恩来总理也是一位口才十分了得的外交家,在一次答记者问的现场,一位美国记者讥讽总理在用美国出产的派克钢笔。周总理不慌不忙地回答:"这是抗美援朝期间,一位朝鲜朋友作为战利品送给我的。"好的口才在生活中或是外交场合都是十分必要的。综合来看,演讲与口才的作用具有以下几点。

(一)交流沟通作用

演讲是现代交际的重要手段,在交际活动中应用范围十分广泛,无论是领导讲话,新春致辞,还是婚礼贺词,生日祝福等,都属于演讲的范围,俗话说:"良言一句三冬暖。"在这些场合下,演讲以及很好的口才起到了很好的交流和沟通的作用,可以使陌生人成为朋友,可以使普通朋友成为挚友,可以化干戈为玉帛。

(二)教育示范作用

一些演讲可以起到教育示范的作用,如教师讲课、名师讲座等。在这些演讲过程中,可以通过教师、专家的言传身教,为听众传递一些专业知识、信息、道理等,这些都使演讲起到了教育示范的作用,也为精神文明建设做出一份贡献。

(三)美感享受作用

演讲的美感可以分为两种:一种是内容美,即演讲的内容大多数都在传播真、善、美,打击假、恶、丑,听众在收听演讲的过程也是提升自身素质的过程;另一种是形式美,演讲者一般都具有悦耳动听的声音,流畅、自然、节奏感强的语言表达,丰富的态势语,很强的亲和力,大方得体的仪表,给人以美的享受。

第二节　演讲与口才训练的基本要求

一、演讲与口才的基本原则

想具有好口才轻松驾驭各类演讲,需要具备以下几种能力。

(一)标准的普通话发音

普通话是所有语言表达的基础,如果没有很好的语音"面貌",公说公,婆说婆,谁都听不懂演讲者在说什么,再充分的准备,再有价值的演讲内容,也无法恰当地传播,因此,必须掌握标准的普通话。

(二)正确的发声技巧

演讲与口才都是通过有声语言传播,因此,演讲者的声音能否抓住人心,十分重要。另外,对于长期从事演讲工作的人,如果不能掌握正确的发声技巧,经常性的用嗓过度会使声带出现问题,影响以后的工作。

(三)主体要素要充分

演讲的主体要素主要指演讲者本身以及演讲稿的准备。首先,演讲者要具备高尚的思想道德情操,丰富先进的知识,能旁征博引,运用自如,还要具有良好的口语表达能力。另外,演讲的内容要积极健康,观点正确,内容真实,符合时代精神。

(四)客体要素的配合

客体要素主要指听众,听众是否能够高效率地接收主体的演讲信息,能否积极主动地做出反馈,是演讲是否成功的重要因素。

(五)熟练掌握口语表达技巧

口语表达技巧包括有声语言的表达以及态势语的表达两种。

有声语言的表达要求声音圆润动听,吐字如珠如流,情感真挚,停顿、连接、语气、节奏都要富于变化,抑扬顿挫、轻重缓急搭配适当,有正确的表达状态,或娓娓道来地为听众讲述,或铿锵有力地呼吁,要抓住听众,还不能矫情做作。

态势语是有声语言的补充,态势语包括表情、手势、身体姿势等,这些要与有声语言表达的内容相贴合,不能过,也不能局促。总之,有声语言与态势语要很好地配合,才能达到很好的传播效果。

二、 好口才训练中出现的问题

初学演讲与口才的同学对这门艺术的态度比较纠结,既希望自己有很好的语言表达能力,又害怕自己驾驭不好,不敢放开练习。另外,激发演讲者的真情实感也是训练的难题之一,针对这些问题,本书会在接下来的几章中涉及。

 思考与练习

1. 试分析演讲与口才在我们日常生活中的重要性,并说明演讲与口才训练有哪些基本原则和要求。

2. 在演讲或者与人交流沟通中存在哪些问题?如何克服它们?

第二章　演讲准备与注意事项

学习目标

（1）学会如何处理初学演讲时在演讲中遇到的尴尬场面；

（2）学会在演讲前做好各项准备。

技能要求

（1）了解演讲中应该注意的问题及如何克服不良情绪，恰当处理突发状况；

（2）掌握克服紧张情绪的方法，通过练习熟练掌握演讲技巧处理突发状况。

第一节　做好演讲前的准备工作

一、准备一篇演讲稿

演讲一般分为有稿演讲和即兴演讲两种，对于初学者，建议首先练习有稿的演讲，这就需要我们准备一篇写作有一定的技巧和规律的演讲稿，而且演讲稿多是由演讲者自己完成。一般来说，演讲稿的组成中70％是实例，30％是道理，而在演讲过程中，需要演讲者投入百分百的真情。

二、提升自信心

自信心是每一个演讲者必备的一项基本能力，如果演讲者自己都没办法相信自己，无论说什么，大家都觉得是虚假的。因此，一定要提升自信心，想象自己很完美，自己所说的话是至理名言。每天早上对着镜子微笑，开启美好崭新的一天，反复给自己做心理暗示——我是最棒的！

演讲者所需要具备的心态。

（1）要坚信人人都可以成为一个优秀的演讲者。有许多例子证明一个普通的演讲者经过练习，完全能够成为优秀的演讲者。

（2）要理解你的听众都希望你成功，他们来听你的演讲就是希望能听到有趣的、有意义的、能刺激和提升他们思想的演讲。

（3）对自己没有信心或没有兴趣的演讲，如果能推掉就尽量推掉。

三、多做练习

演讲需要反复大量地练习，熟能生巧，只有经过不断地失败，并从失败中总结经验，才能取得最后的成功。有的朋友可能要说："练口才还这么难呀！自己也不具备这些素质，口才也不可能练成，不用白费劲了！"

然而，这种想法是错误的。以上谈的是几种练口才的必备素质，虽是必备的，但不是天生的，不是与生俱来的，而是靠后天的苦学、苦练得来的。

有一句名言："书山有路勤为径，学海无涯苦作舟。"西方也有一句格言为："诗人是先天的，演说家是后天的。"确实，要练就一副悬河之口，非下一番苦功夫不可。

案例

古希腊有一位卓越的演讲家德摩斯梯尼，年轻时有发音不清、说话气短、爱耸双肩的毛病。最初他的演讲很不成功，以致被观众哄下了讲台。但德摩斯梯尼没有因失败、嘲笑、打击而气馁。他一方面博览群书、积累知识；一方面刻苦练习。

为了练嗓音，他把小石子含在嘴里朗诵，迎着呼啸的大风讲话；为了克服气短的毛病，他故意一面攀登，一面不停地吟诗；为了克服耸肩的毛病，每次练习口才时他都在自己的双肩上方挂两柄剑，剑尖正对双肩，迫使自己随时注意改掉耸肩的不良习惯。他还在家中安装了一面大镜子，经常对着镜子练演讲，以克服自己在演讲中的一些毛病。

经过苦练，德摩斯梯尼终于成了世界闻名的大演讲家。

点评：

"宝剑锋从磨砺出，梅花香自苦寒来。"这就是德摩斯梯尼的成功给人们的启示。

在此给演讲者提供几点建议。

（1）多做练习是最好的准备。你心里的自信越高，你的表现就会越好。

（2）练习时，请亲人和朋友作为观众，然后给予你回馈。如果没有亲人朋友，一面镜子或你的宠物都可以成为你的听众，尽量让自己想象自己就站在听众面前。

（3）录音录像，然后通过自我批评实现进步。每一次演讲至少练习两次，最好一直练习到滚瓜烂熟为止。要确定能够在时限之内讲完。

（4）如果你脑子一片空白，那就准备一份讲稿，多次练习，在脑海里多过几次。

（5）如果你仍然担心，那就把你的笔记带进场，万一忘记可以当场查看你的笔记。

另外，为了缓解紧张情绪，可以在演讲前做准备。

（1）如果可能，在上台前先和前面几排的听众聊聊天。一方面，可以让气氛更友善，帮助你减轻压力；另一方面，和善的表情会让你更轻松。

（2）如果你担心讲得不够激情，演讲前多喝几杯咖啡，但如果喝多了会发抖，那就不要喝了。

（3）在上台前做深呼吸可以降低血压和清醒头脑。

（4）通过做脸部动作放松脸上的肌肉，比如张大再闭紧你的眼睛和嘴，不过千万不要被他人看到。

第二节　演讲时应注意的问题

一、控制语速、语调与气息

演讲主要是以有声语言为传播媒介，在演讲的过程中，为了很好地达到演讲的目的，产生良好的效果，一定要控制好语速、语调，并且适当调节气息。

1. 语速

语速，顾名思义，即讲话时的速度，是指说话时语流节拍的长短、快慢。演讲过程中的语速要适中，如果过慢，像老和尚念经一般，会导致拖沓、缺乏自信，提不起听众的兴趣；如果过快，又会导致听众的思路跟不上演讲人的语速，造成理解信息滞后，也会使听众觉得索然无味。

演讲的语速要随着演讲内容不断地变化，演讲稿的基调不同，整体的语速就会有变化，同一篇演讲稿的语速也不能通篇一样。

2. 语调

语调是指说话时高低起伏、抑扬顿挫的变化。有声语言实际上就像一条奔流向前的河流，弯弯曲曲，不是一条直线，在进行演讲的过程中，一定要随着内容的变化不断调整自己的音高、音强甚至是音色，甚至要使得演讲的语调也产生一定的变化。当然，这一切的变化都要符合稿件的需要，符合真情实感的需要，否则一切变化都是矫情，不真实的东西是不能打动受众的。

3. 气息

气息是有声语言表达过程中必不可少的参与者，它既是生理的反映，也是心理的反映。气息是人体发声的动力，就像汽车上的发动机一样，它是发声的基础。

气息的大小对发声有着直接的关系，气不足，声音无力；用力过猛，又有损声带；所以练声，首先要学会用气。

（1）吸气。

吸气要深，小腹收缩，整个胸部要撑开，尽量把更多的气吸进去。读者可以体会一下闻到一股香味时的吸气法。注意吸气时不要提肩。

（2）呼气。

呼气时要慢慢地进行，要让气慢慢地呼出。因为在演讲、朗诵、论辩时，有时需要较长的气息，那么只有呼气慢而长，才能达到这个目的。呼气时可以把两齿基本合上，留一条小缝让气息慢慢地通过。

（3）吸气和呼气的基本方法。

读者可以每天到室外、到公园去做深呼吸练习，天长日久定会见效。

二、适当回避观众目光

这是主要针对一些初学演讲者或者缺乏自信者的建议。在进行正常的沟通交流的过程中，目光的交集是不可避免的。一般来说，与多人沟通时，目光要照顾观众，而不能只盯在一点，在环视观众的同时，应与其眼睛有适当交集与沟通，通过对方眼睛中传达出的信息，适当调节自己讲话的内容、速度等，以此增加自信心。

初学演讲的人在讲话中，首先练习的应该是如何大胆面对观众的目光。初学者可以尝试站在台中，面对观众，不用说一句话，只用眼神进行交流，锻炼自己的自信心。当真正进行演讲的过程中，如果某些观众目光传递一些负面信息和情绪，可以移开目光，回避不良情绪，不受其影响。

三、不断地调节自己的情绪

演讲是一种很公众的活动形式，往往需要很饱满的情绪。第一次演讲的人通常都会紧张，可以在上场前深呼吸，这是最简单也最有效的方法。在演讲过程中，也要随时调节自己的情绪。

首先，要建立一个认知：上台演讲、表演时的紧张是极普遍的问题。世界上最著名的表演者、歌唱家、球员，都有这种"怯场"的压力，一旦成为众人注目的焦点，就会引发紧张反应。

先接受这种状况，明白这是一个普遍现象，并不是因为你内向胆小才会这样，再外向自信的人上了台，都会受"怯场"的影响。

世界著名的男高音也会因为担心紧张而使演出失常。多明戈的最高纪录是一场表演中声音破了5次。人人都会"怯场"，这其中最大的两个原因是：①准备不周全；②得失心太重，越想完美越糟糕，就是这个道理。

如果知道上台紧张是一个普遍性的问题，就不必凸显自己的不行和困难，努力以平常心看待自己的紧张并接受它，一旦如此做了，你反而能和它和平相处。

要想有好的演讲能力，平日需要多准备、练习，不要只是私下偷偷练，要在人前光明正大地练，大方地邀请同学、朋友给你回馈，甚至请他们为你录音、录像，让你更有效客观地评估自己，做出有利的修正。逃避并非上策，不如把逃的力量用来加强自己，使自己能够迎头赶上！

演讲有许多不同类型，有专业的、大众的等，这些演讲在表达方式及内容上都有很不同的安排。演讲可以从练习中磨炼出自己的风格，不过最重要的还是回归演讲的目的，想要给听众什么？有没有达到目标？在演讲过程中，如果遇到突发情况，一定要冷静处理，如果讲到一半忘了演讲词，不要紧张，直接跳到下面的题目，很可能根本没有人注意到你的失误。停顿不是问题，不要总是想发声以填满每一秒钟。

最优秀的演讲者会利用间隔的停顿把重点更清晰地表达出来。如果你会发抖，不要拿纸在手上,因为纸会扩大你发抖的程度。把手握紧成拳头或扶着讲台。

另外,一旦出现紧张的情况,千万不要提到自己的紧张或对自己的表现道歉,那只会让你更失去自信。可以在适当的时机岔开话题,能想到的一切可以转移紧张的话题,都可能帮助你缓解压力。

总之,反复告诉自己:我能够驾驭这场演讲,我说的就是真理,我的观众很喜欢我,他们能够和我产生共鸣,我自信,我一定能够成功。经过多次练习后,可能出现的问题会迎刃而解。演讲并不难,只要我们多练习,不怕失败,每个人都可以成为出色的演讲家。

思考与练习

1. 好口才是如何成为"生产力"的?

2. 在演讲过程中是否存在紧张情况?如何克服?

第三章　好口才需要好思维

学习目标

（1）了解几种常见思维对于锻炼演讲和口才的重要作用；

（2）了解逻辑思维对于逆向思维和发散性思维的基础性作用；

（3）结合实例把握其中含义，尝试按照本章的思维方法思考问题。

技能要求

（1）要分清各种思维，理解各自的特点；

（2）掌握各种思维训练的要点；

（3）将各种思维训练与口才结合，落实到日常的演讲与口才实战中。

第一节　思维训练的必要性

一、思维的概念

思维是人脑对现实事物间接的、概括的加工形式，以内隐或外隐的语言或动作表现出来。思维是由复杂的脑机制所赋予的，它是在表象、概念的基础上进行分析、综合、判断、推理等认知活动的过程，同时它也揭露事物内在的、本质的特征，是认知的高级形式，也是只有人类才有的一种精神活动。

思维是以人已有的知识为中介对客观事物的概括的、间接的反映。它借助语言、表象或动作实现，是认知活动的高级形式。例如，下午放学回到家，一进门，闻到厨房里飘出饭菜香味，你就会知道妈妈已经回家，把饭做好了。这个时候，你并没有看到妈妈，也没有看到她做饭，只是运用你头脑里已经有的经验（有饭菜香味说明妈妈在家）对感觉信息（饭菜香味）进行了加工、处理，提出假设，检验假设，做出推理和判断，这个过程就是思维。

思维由生命进化而产生。物质的化学反应构建生命，生命在生存过程中进化出意识、思维。这是一个漫长的过程，是不断进化的一个过程。在生命演化过程中，出现了人类的思维，使得宇宙中有了所谓的意义与前进方向，这是多么值得自豪的事！

思维的本质是对语言文字的运用。物为实，思为虚，思命物以虚名，为思所用，人才能思考,或者说有名方能思;无名,则实无所指,思无所用,也就无法转换成言语表述。

思维的主要特征有以下几点。

1. 间接性

思维和感知觉不同,它是建立在过去的知识经验上的对客观事物的反映,因此,具有间接性。例如,闻到饭菜香味,推断妈妈在厨房;根据传回的图片,推测火星上的状况。正是由于思维的间接性,人们才可能超越感知觉提供的信息,认知那些没有直接作用于人的感官的事物的属性,从而揭示事物的本质和规律,实现对未来的预测。

2. 概括性

在大量的感性材料的基础上,把一类事物的共同特征和规律抽离出来加以认知,这就是思维的概括性。例如,把轮船、飞机、自行车、小汽车等一类事物概括为交通工具,使人的认知活动摆脱了对具体事物的局限性和对事物的直接依赖性,扩大了人们认知的范围和深度。概括性的水平反映思维水平,它也是人们形成概念的前提,是思维活动得以进行的基础。

3. 思维和语言有密切关系

思维和语言紧密联系在一起,思的间接性、概括性也正是凭借语言得以实现的。人借助语言进行思维是人的思维与动物思维的最本质的区别,人类思维的高度发展与人类语言的高度发展是分不开的。除了语言之外,人类思维还可以借助其他工具,如表象和动作。

根据思维的内容,可把思维分为动作思维、形象思维和抽象逻辑思维;根据探索问题答案的方向,可把思维分为集中思维和发散思维;根据思维结果是否经过明确思考及是否具有清晰意识,可把思维分为直觉思维和分析思维;根据解决问题的创造性程度,可把思维分为常规性思维和创造性思维。语言是思维的载体,要想拥有好的语言才能,必须有好的思维才行。

二、 思维训练的重要性

对于口才来说,思维训练显得十分重要。这要从思维和口才的关系中看出。可以说,口才是思维的外在体现,而思维是口才的内在基础。

人类思维的发展和语言能力的发展是同步的,这决定了口才与思维密不可分的关联。人类是有理性的动物,语言功能在很大程度上是表达思想,语言是表达思想的工具。正确的、恰当的思维训练对于提高口才具有十分重要的作用。

从心理学讲,思维与口才是紧密关联的。如果思维不敏捷,语言表达也不会很清楚。如果思维敏捷,便有可能"口若悬河"。

因此,可以说口才的好坏与一个人思维发达与否有密切关系,口才表达的提高很大程度上取决于思维训练。设想下,假如你要做一个即兴演讲,对思维的要求就非常高,得一边演讲,一边思考后面要讲什么,这就要求演讲者有着清晰的头脑。

良好的口才要求思维在广度、深度、精度等方面都做得很好。这必须是经过系统、严格的训练才能得到。但是想拥有好口才的人也不要畏惧,付出总会有相应的收获。

首先,好口才必须有广博的思维作为基础、保障。这就要求人们在表达一件事的时候,能够大范围地联想别的事件。通俗来说，即思路开阔，联想丰富，能把事件放到广阔的时间、空间中去，从而全面、深刻地把握现象的本质。思维的广度往往表现为演讲时语言的旁征博引、联想丰富等。

在日常生活中，有的人在谈话中联想丰富，思维跨度较大，而有的人则语言贫乏，枯燥无味。这并不是说违反逻辑学中的同一律，而是说一旦谈及一件事，这件事便不会孤零零地存在，总是与外界保持各种联系。

这种状况要求我们在思考的过程中，破除思维定势，扩大思维维度，将所思考事物放在更广阔的背景里予以思考，从而找到更多可以讲的东西。

其次，好口才要求思维具有深刻性。思维的深刻性是口才素质的一个非常重要的方面。在谈话过程中会发现，深刻的思维使得人们到达问题的本质层面，而不深刻的人则只能看到问题的表面，显得很肤浅。

思维的深刻性是指对事物的分析达到我们常说的去粗取精、去伪存真、由表及里、由此及彼的要求，这样才能使演讲者的认知透过现象把握事物的本质。

最后，好口才要求思维具有精确性。思维的精确性指的是思想明确、思维缜密。思想明确要做到概念明确，判断无误，含义清楚不含糊，不出现前后矛盾。在阐述某个话题时，观点要明确，中心要突出，不能模棱两可。

思维严密是指思考问题要全面、周到、细致，能科学反映事物的多面性、发展性和复杂性等。说话时出现语无伦次、条理不清等问题多与思维缺乏严密性有关。

鉴于思维对好口才的锻炼具有这么多重要影响，进行思维训练的必要性不言而喻。在接下来的章节中，本书挑选日常生活中常提到的集中思维进行阐述，值得注意的是，这几种思维不是按照某种特定标准划分的，而是突出其重要性才专门拿出来讲的。

第二节　思维训练的方法

一、形象思维

形象思维指的是运用形象作为思维形式的思维活动。法捷耶夫认为："科学家用概念来思考，而艺术家则用形象来思考。"这是什么意思呢？这就是说，艺术家传达现象的本质不是通过对该具体现象的抽象，而是通过对直接存在的具体展示和描绘。

艺术家通过对现象本身的展示揭示规律，通过对个别的展示揭示一般，通过对局部的展示揭示全体，从而在生活直接的现实中仿佛造成了生活的幻影。

莎士比亚说过："强烈的想象往往具有这种本领，只要一领略到一些快乐，就会相信那种快乐背后有一个赐予的人；夜间一产生恐惧念头，一株灌木便一下子会变成一头熊。"

莎翁的比喻是一种发挥形象思维作用的效果。形象思维会为口才插上幽默的翅膀，使之能冲破语言的枯燥、抽象、凝重、太理性化。讲话中融入形象思维，可以刺激听众的视觉，看见描述的形象，从而最大限度地感染听众，使自己的讲话给人留下深刻的印象。

古往今来，幽默的思维最主要的一点就是突破常规的形象和联想，只要我们反应敏捷、善于想象和联想,勇于打破常规,幽默的基础就牢牢地打下了。

讲话中,抽象思维起十分重要的作用,但也有其局限性,容易使讲话的语言变得枯燥、抽象,如果没有形象思维紧密配合,讲话的气氛就会显得过于凝重、太理性化、缺乏活力和幽默感。在演讲中融入形象思维,可以调动自己以及听众的视觉,看见描述的形象,从而最大限度地感染听众,使自己的讲话给人留下深刻的印象。

(一)形象思维的特征

1. 形象思维的基本特征是它的形象性

形象性是指讲话者在思维过程中离不开形象,是用形象进行思维加工的。在思维活动的对象上,也是用形象材料进行加工的。

案例

美国争取黑人自由平等的不倦斗士弗·道格拉斯的演说辞《论奴隶制度》这样写道:"在这种时刻,需要的是灼热的烙铁,而不是令人信服的证据。啊,假如我有那种能力,假如我能像这个国家进一言的话,今天我将要倾泻出急如湍流的辛辣嘲笑、无情指责,令人无地自容的讽刺和严厉的斥责。因为现在需要的不是光而是水,不是柔和的阵雨而是闪电。我们需要暴风雨和地动山摇!"

点评:

这段话可谓是气势排山倒海,雄浑壮阔,而它是通过一系列具体的形象,如"烙铁""湍流""光""水""阵雨""闪电""暴风雨""地动山摇"等,把形象的事物具体化,把深奥的道理浅显化,形象地表达讲话者的思想感情,达到启发、影响听众的目的。

2. 形象思维的普遍应用性

形象思维的普遍应用是指形象思维存在于一切实践主体的思维活动中,也就是说"形象思维人皆有之"。生产实践者、社会关系实践者、科学实践者以及从事精神产品的工作者都在把握、运用着形象思维方式。

3. 形象思维的创造性

我国著名科学家钱学森说过:"我们一旦掌握了形象思维学,将会掀起又一次技术革命。"卢瑟福通过认识太阳系行星运动的图景,联想到原子内部犹如一个微观的太阳系,提出行星式原子模型。由此可见,科学家的形象思维既有形象性,又有创造性。

4. 形象思维的联系发展性

形象思维作为一种理性认知,区别于感性认知的一个重要特征,即在于它不是静止、孤立、片面的,而是联系发展的。生物学家建立的谱系树形象,就是依据不同历史时期的生物标本及其化石,从低级到高级,从简单到复杂建立起生物进化的联系发展的图景。

(二)形象思维的表现形式

形象思维的表现形式主要有两种:第一种是想象;第二种是联想。

1．想象

想象是指以客观事物和已有的知识、经验、信息为依据，灵活运用多种思维方式，形象化地、创造性地构思出新的图景。爱因斯坦说："想象力比知识更重要，因为知识是有限的，而想象力概括着世界上的一切，推动着社会进步，并且是知识进步的源泉。"

大多数科学家是从科学假设中进行创造发明的，而科学假设又开始于科学幻想。可以说，每一种假说都是想象力发挥作用的产物，任何事物的任何一次创新，都是借助想象力开始的。

2．联想

联想是指由某个人或者某事而想起其他相关概念的思维过程和思维方法。联想实际上是对头脑中已有各种表象的一种重组，在思维过程中把割断了联系的，甚至是风马牛不相及的事物重新联系起来。

 案例

牛顿关于万有引力的理论发现就是联想的结果。苹果掉到自己头上后，他产生了联想：月亮为什么不会坠落到地球上呢？于是，他把地球上的物体与太空中的星体在思维中联想到了一块儿，从而证明出了万有引力定律。

想象和联想是一个广大的领域，它是人类文明的源泉，科技发展的动力，艺术创作的支架。人类依靠它才得以超越自己，得以前进。几千年来的艺术家都在拓展它；几千年来的科学家都在研究它；几千年来的思想家都在思考它；培养丰富的想象力和联想力，对于我们提高语言表达能力，练就好口才具有十分重要的作用。

（三）锻炼口才的形象思维的训练方法

在给出专门适合口才的训练方法之前，我们先给出通用的适用于锻炼形象思维的训练方法。

 训练一：小人想象法

小人想象法的具体做法如下。

（1）冥想、呼吸使身心放松；

（2）暗示训练者的身体逐渐变小，比米粒和沙子还小，变成了肉眼看不到的电子一般大小的小人，能进入任何地方；

（3）让训练者想象自己走进合着的书的里面，看看书里面写的什么故事，画的什么样的画。

 训练二：木棒想象法

木棒想象法的具体做法如下。

（1）在床上静卧，闭上双眼。按照自己的正常速度，重复进行3次深呼吸。

（2）然后重新恢复到正常呼吸状态,接下来想象自己的身体变成一根坚硬的木棒,当我说"开始"的时候,努力想象自己的身体变得像木棒一样的坚硬,感觉自己仿佛变成了一座桥梁,在空中画出一道有韧性的弧线,如此重复。好,身体变得僵直、坚硬。

（3）好,感觉身体开始松弛、柔软。

（4）再次僵直、变硬,变得越来越坚固。

（5）好,迅速恢复松弛的状态。

（6）好,再一次变得僵硬起来。

（7）好,身体重新松弛下来。

下面重复进行 3 次深呼吸。在呼气的时候,努力进行更深层次的放松,感觉大脑处于一种冥想的出神状态,并逐渐上升至更高级别的层次。

（8）下面我会从 1 数到 10,在我数数的过程中,想象自己的冥想级别也在逐步提升,努力认真的想象自己冥想的级别在不断地深化。

（9）下面开始数数:

1、2,冥想的级别在逐步深化;

3、4,进一步的深化;

5、6,更进一步的深化;

7、8,更为深入的深化;

9、10,已经进入较高层次的深化。

（10）接下来,开始进行颜色想象训练。

一开始先想象自己面前 30 厘米处出现一个屏幕,然后想象屏幕上出现红、黄、绿等颜色。首先进行红色的想象,然后看到眼前出现红色。对,一定要努力想象。看到红颜色了吧?

（11）下面,红颜色消失,逐渐变成黄色。好,就这样下去。看到黄颜色了吗?

（12）接下来,黄颜色消失,逐渐变成绿色。好,继续想象,看到绿颜色了吧?

（13）好,下面开始想象你自己家的正门的样子,已经开始逐步看清楚了吧,对,想得越细越好。直到完全可以清楚看到为止。

（14）下面,打开房门,走进去,看看屋子里面是什么样的。

（15）好,现在可以清醒过来了。

从 10 数到 0,感觉舒畅地醒来。10、9、8、7,身体放松;6、5、4、3,好,感觉自己逐步恢复知觉;2、1、0,好,感觉自己已经浑身舒畅的醒来,身体已经完全恢复到开始的状态。

 训练三:"0"遐想法

把"0"作为 A 点,由此开始遐想,可得 N 个 B。

B_1:"0"是一无所有,荒凉而神秘,但在开拓者眼中,它又是有待开垦的处女地。

B_2:在数学中,"0"是一枚闪闪发光的宝石,没有质量,没有体积,只有位置,这就是 0。

B_3:"0"是分界线,正负交叉点,它标志两个方向、两种结果,差之毫厘,就会谬以千里。

B_4:"0"犹如一个小生命,蕴藏无限生机。

B_5："0"就是人生新的起跑线，我们只有踏踏实实从头开始，才能到达辉煌的终点。

B_6："0"虽然可大可小，但绝非可有可无。在数学王国的三维空间里面，它极其活跃而又可以变化无穷，犹如一个充满生命活力的小精灵。

B_7：在生活中，我们每个人都应该与"0"为友，时时牢记"千里之行，始于足下"，只有时时以"0"为新的起点，才能不断摆脱历史因袭的重负，在人生旅途上轻装前进。

下面给出专门适合于锻炼口才的训练方法。

1."皮格马利翁效应"训练方法

"皮格马利翁效应"是目前世界上训练想象力最具有权威的一种方法。

皮格马利翁是古希腊神话里的塞浦路斯国王，喜爱雕塑。他成功塑造了一个美女的形象，爱不释手，每天以深情的目光观赏不止。后来，他爱上了自己雕塑的少女像，并且真诚期望自己的爱能被接受，这种真挚的爱情和真切的期望感动了爱神阿芙狄罗忒，于是他就给雕像以生命，美女活了。一个人希望自己成为什么样的人，就有可能成为那样的人，这种现象就称为"皮格马利翁效应"。

做这种训练时，首先设想一个完美的理想人物，然后设想自己时时刻刻在模仿这个榜样，以便在潜意识中对其留下深刻印象，影响并逐渐改变自己日常的思维惯性。具体训练方法如下。

(1) 想象一个完美人物的形象，他栩栩如生地站在你面前。说出他的面孔、发型、微笑的样子，他的身高、体态、举止，他讲话的速度、音质和手势等，讲得越详细越逼真越好。

(2) 想象这位理想人物的品质和能力，说出他道德高尚、举止优雅、才华出众之处，以及具有所有你希望得到的品质和能力。要通过具体形象地描绘来设想这类抽象的品质。

2.口才形象思维训练题

(1) 生命是什么？请用形象的语言说明这个问题，以下是 4 个例子。

生命如同烹调菜肴一样，菜肴的味道完全取决于调料和对火候的把握，你可以按照固定不变的菜谱烹调，也不妨自由发挥。

生命如同一串散乱的念珠，随便你怎样串联组合，都能够变得五光十色。

生命如同一只顽皮的卷毛狗，不断在街道上寻寻觅觅。

生命是一座你找不到出口的迷宫。

(2) 结合现实情况用形象化的口语描述一下你的单位，下面是几个人的答案，可以参照。

A："我们的公司如同一艘游轮，巨大而有力，只是运行速度太缓慢，而且航向一旦确定，机会就难以改变。"

B："我们单位就像巨人的身体：行政部门是内脏，经理是决定决策的大脑，购销部门是嘴巴，科技人员是骨骼，而研发部门则是生殖系统。"

总而言之，要想运用创新思维提升口才，要大胆假设，摆脱时空等因素的限制与束缚。另外，要努力不人云亦云，善于说"未必"，对那些约定俗成的说法或对似是而非的论断敢于提出质疑，不随波逐流，不轻信，努力发现事物背后存在的多种可能性。

二、逻辑思维

逻辑思维又叫抽象思维,它是一种基于抽象思维概念的思维形式,通过符号信息处理进行思维。也就是说,逻辑思维运用概念、判断、推理的逻辑形式进行活动的思维方式。

只有语言的出现,逻辑思维才成为可能,语言和思维相互促进,相互推动。那么深邃的思想在讲话中产生的逻辑、产生的逻辑力量究竟有多大呢? 很难用数字计算。

小贴士

斯大林在评价列宁演讲时曾这样生动地说:"使我佩服的是列宁演说中那种不可战胜的逻辑力量,这种逻辑力量虽然有些枯燥,但是紧紧地抓住听众,一步一步地感动听众,然后就把听众俘虏得一个不剩。我记得当时有很多代表说:'列宁演说的逻辑好像万能的触角,从各方面把你钳住,使你无法脱身;你不是投降,就是失败。'"

快速、灵活的逻辑思维,可以让你讲话时不再感觉无从开口,可以使你讲话具有严密性、条理性,可以通过逻辑分析的方式驳斥别人的诡辩,把自己的思想明白地表达出来。

在讲话时,逻辑思维起十分重要的作用,它使思维显得严谨、有条理,使结论令人信服,也通过歪曲的论题、论据和论证方法达到论辩的目的。古人云:"诡中有巧,巧中有诡。"在决定胜负的辩论赛上,似是而非的辩论是出奇制胜的武器。在相声、小品等语言艺术中,许多笑料也运用了诡辩法。

案例

1993 年,在新加坡举行的国际辩论赛上,复旦大学代表队与英国剑桥大学代表队就"温饱是谈道德的必要条件"进行辩论,复旦队是反方。复旦队从顾问、教练到队员,都十分重视演讲之前的逻辑分析。

教练俞吾金教授说:"这一辩题中的'必要条件'在逻辑上的含义是'无之必不然,有之不必然'。所以正方在这一辩题中的逻辑困境是要证明:没有温饱就绝对不能谈道德。也就是说,反方只要举出一个例子,说明人们在不温饱的状态下也能谈论道德,正方在逻辑上就已经被打倒了。"

俞教授分析了辩题中的核心概念,并指出了正方的逻辑困境,为反方辩论找到了突破口。顾问王沪宁教授回忆说:"辩题下来之后,辩论队对 3 个题目的 5 个方向进行了逻辑设计,那几天,大家都患了逻辑病。"

他们对"温饱是谈道德的必要条件"这一辩题反方的总体逻辑分析是这样的:"人的存在是谈道德的必要条件,人有理性,理性是谈道德的必要条件,在任何情况下都能够谈道德,走向温饱的过程中尤其应该谈道德。"经过这样的逻辑分析之后,在辩论时,复旦队仅仅抓住对方在"必要条件"上陷入逻辑困境,猛攻其"肠胃决定论",显得游刃有余,故而大获全胜。

由此可见,在讲话前,运用逻辑思维分析题目是口才艺术成功的前提和保证。

（一）逻辑知识

逻辑基本规律是正确思维的根本假定，也是理性的交谈能够进行下去的必要条件。这里讲了3条规律：同一律、矛盾律和排中律。

1. 同一律

同一律的内容是：在同一思维过程中，一切思想（包括概念和命题）都必须与自身保持同一。可用如下公式表示。

A 是 A；或者，A→A。

这里，"A"指在思维过程中所使用的任何一个概念或命题。更明确地说，同一律所要求的是：在同一个思维过程中，所使用的概念和命题必须保持自身的确定与同一。

所谓概念保持同一是指概念的内涵和外延必须保持同一：一个概念具有什么含义就具有什么含义，指称哪个或哪些对象就指称这些对象。

例如，"人"这个概念可以表示一个动物种类，也可以表示属于这个种类的每一个个体。如果在同一个思维过程（同一思考、同一表述、同一交谈、同一论辩）中，你在第一种意义上使用"人"这个语词，你就必须始终在这个意义上使用该语词；如果需要在第二种意义上使用"人"这个语词，必须特别声明，并指出它们之间的区别，强调这两个"人"字实际上表达了两个不同的概念，在它们之间不能任意转换和过渡。

例如，从"人是由猿猴进化而来的，张三是人"，不能推出"张三是由猿猴进化而来的"，因为前提中的两个"人"表达不同的概念。

所谓命题保持同一是指命题自身的意思和真假值必须保持同一。在同一个思维过程中，如果在什么意义上使用一个命题，就必须始终在该意义上使用该命题；或者从命题的真假角度说，一个命题是真的就是真的，是假的就是假的；或者从论辩的角度说，在一个论辩过程中，讨论什么论题，就讨论什么论题，不能偏题、离题、跑题。

例如，如果你断定了"$E＝MC^2$"，在同一个思维过程中就必须坚持这一断定，不能随便改成"$E≥MC^2$"，也不能随便改成"$E≤MC^2$"。如果你发现你先前的断定错了，你要明确指明这一点，并且最好给出证据与说明原因。

如果无意识地违反同一律在概念方面的要求，就会犯"混淆概念"的逻辑错误；如果有意识地违反同一律在概念方面的要求，就会犯"偷换概念"的逻辑错误；如果无意识地违反同一律在命题和论辩方面的要求，就会犯"转移论题"的逻辑错误；如果有意识地违反同一律在命题和论辩方面的要求，就会犯"偷换论题"的错误。

同一律的作用在于保证思维的确定性，以便人们之间的思想交流能够顺利进行，看下面的例子。

 案例

鲁迅的著作不是一天能够读完的，《孔乙己》是鲁迅的著作，所以，《孔乙己》不是一天能够读完的。

解析：在这个推理中，"鲁迅的著作"在两个前提中有不同的意义：在大前提中是指鲁迅著作的全体，或者说鲁迅的全部著作，而在小前提中是指鲁迅的一篇著作。所以，它在两个前提中表达了两个不同的概念，不能起到中间的桥梁或媒介作用，不能必然地推导出结论。

再如下面这个例子。

 案例

有角者论证："你没有失去的东西你仍然具有，你没有失去角，所以你有角。"

下述哪一段对话中犯有与题干中类似的逻辑错误？

A. 谷堆论证："一粒谷能否构成谷堆？显然不能。再加一粒，也不能；再加一粒，仍不能；……最后加的一粒构成了谷堆。"

B. 苏格拉底说了唯一一句话："柏拉图说真话。"柏拉图说了唯一一句话："苏格拉底说假话。"

C. 认识悖论："你认识站在你面前的这个人吗？""不认识。""而这个人是你的父亲，所以你不认识你的父亲。"

D. 秃头者论证："掉多少根头发才算秃头？掉一根头发算吗？不算；再掉一根呢？也不算；……最后掉的一根头发造成了秃头。"

E. 在一家大众旅馆里，一旅客在半夜被一群打牌人的哄笑声惊醒，他善意地对那群打牌人说："都夜里 12 点多了，你们休息吧。""你睡你的，管不着我们。"一打牌人说。"你们这样大声吵闹，影响别人休息。""影响别人，又不影响你，关你什么事！"

解析：答案是 E。

在"有角者论证"中，犯有"混淆或偷换概念"的逻辑错误。因为大前提要成立，意味着"你原来有的并且你没有失去的东西，你仍然具有"，而角是你原来没有的东西，因此，尽管你"没有失去"它，你仍然没有角。

在 A、B、C、D 中都没有这种错误。但在 E 中，当那位旅客对那群打牌人说"你们这样大声吵闹，影响别人休息"时，其中的"别人"是相对于打牌人说的，指打牌人之外的其他人，当然包括那位旅客；但当打牌人说"影响别人，又不影响你，关你什么事！"时，其中的"别人"是相对于那位旅客说的，指该位旅客之外的其他人，不包括该旅客本人，而包括那群打牌人。所以，打牌人犯了与题干中类似的"混淆或偷换概念"的逻辑错误。

2. 矛盾律

矛盾律应该叫作禁止矛盾律或不矛盾律。其内容是：两个相互矛盾或相互反对的命题不能同真，必有一假。亚里士多德关于矛盾律的"本体论定义"为：同一对象在同一时间、同一方面不能既具有又不具有某种属性。我们通常认为的矛盾律可用如下公式表示。

并非（A 并且非 A）；或者，$\urcorner(A \land \lnot A)$。

这里，"A"代表一个命题，"非 A"代表 A 的否定命题，或是蕴涵 A 的否定的命题，所以这里的"$\urcorner A$"既包括与 A 相互矛盾的命题，也包括与 A 相互反对的命题。

矛盾律要求：在两个相互矛盾或相互反对的命题中，必须否定其中一个，不能两个都肯定。否则就会犯"自相矛盾"的逻辑错误。

矛盾律的作用在于保证思维的一致性,即无矛盾性,考虑下面的例子。

 案例

《韩非子》中写道:"楚人有鬻盾与矛者,誉之曰:'吾盾之坚,物莫之能陷也。'又誉其矛曰:'吾矛之利,于物无不陷也。'或曰:'以子之矛,陷子之盾,何如?'其人弗能应也。夫不可陷之盾与无不陷之矛,不可同世而立。"

除了哪项外,以下议论与那位楚人一样犯有类似的逻辑错误?

A. 电站外高挂一块告示牌:"严禁触摸电线!500 伏高压一触即死。违者法办!"

B. 一位小伙子在给他女朋友的信中写道:"爱你爱得如此之深,以至愿为你赴汤蹈火。星期六若不下雨,我一定来。"

C. 狗父论证:这是一条狗,它是一个父亲。而它是你的,所以它是你的父亲。你打它,你就是在打自己的父亲。

D. 他的意见基本正确,一点错误也没有。

E. 今年研究生考试,我有信心考上,但却没有把握。

解析:答案是 C。

尽管"狗父论证"是一个完全无效的论证,但其中并没有"自相矛盾"的错误,而其他各项都犯有"自相矛盾"的错误。所以,正确答案是 C。

找出话语之间表面上的矛盾尽管也是必要的,但更重要的是要挖掘一个理论内部隐藏着的矛盾,而这需要洞察力、逻辑训练和相关的知识。

例如,《墨经》中说:"以言为尽悖,悖,说在其言。"(《经说下》)"之人之言可,是不悖,则是有可也;之人之言不可,以当,必不当。"(《经说下》)这就是说,"所有的说法都是假的"这个说法必定是假的,因为假如这个说法是真的,则有说法不是假的,这与上述说法矛盾;假如上述说法也确实是假的,则意味着有的说法是真的,这又与该说法矛盾;因此,该说法必然导致矛盾,不可能是真的。

 案例

亚里士多德的理论"物体的下落速度与物体的重量成正比"统治物理学近两千年。伽利略通过一个思想实验对它提出了质疑。他假设亚氏的理论成立,并设想有这样两个物体:A 重 B 轻,按照亚氏理论,下落时 A 快 B 慢。

再设想把 A、B 两个物体绑在一起形成 A+B,A+B 显然比 A 重,按照亚氏理论,A+B 下落比 A 快;A+B 中原来 A 快 B 慢,在下落时慢的 B 拖住了快的 A(即两物的合成速度小于等于其中最快的那个物的速度),因此,A+B 下落比 A 慢。而两个结论相互矛盾,因此,亚氏理论不成立。

伽利略由此提出了他自己的理论:(在真空条件下)物体的下落速度与物体的重量没有

关系。还进行了一次著名的实验,即比萨斜塔实验,验证他的理论。

再如下面这个例子。

 案例

某矿山发生了一起严重的安全事故。关于事故原因,甲、乙、丙、丁4位负责人有如下断定。

甲:如果造成事故的直接原因是设备故障,那么肯定有人违反操作规程。

乙:确实有人违反操作规程,但造成事故的直接原因不是设备故障。

丙:造成事故的直接原因确实是设备故障,但并没有人违反操作规程。

丁:造成事故的直接原因是设备故障。

如果上述断定中只有一个人的断定为真,则以下断定哪个为真?

A. 甲的断定为真,有人违反了操作规程。

B. 甲的断定为真,但没有人违反操作规程。

C. 乙的断定为真。

D. 丙的断定为真。

E. 丁的断定为真。

解析:答案是B。

甲和丙的断定相互矛盾,根据矛盾律,其中必有一真一假。又只有一人的断定为真,因此,乙和丁的断定为假。由丁的断定假,可知造成事故的直接原因不是设备故障。

由乙的断定假,可推知或者没有人违反操作规程,或者造成事故的直接原因是设备故障。因为已知造成事故的直接原因不是设备故障,所以,可推知没有人违反操作规程。

由此可得出以下结论。

(1)事实上造成事故的直接原因不是设备故障;

(2)事实上没有人违反操作规程;

(3)丙的断定为假,因而甲的断定为真。因此,除了B项为真外,其余各项均不可能真。

3. 排中律

排中律的内容是:两个相互矛盾的命题不能同假,必有一真。可用如下公式表示。

A 或者非 A;或者,$A \lor \neg A$。

这里,"A"代表一个命题,"非 A"则只代表与 A 相互矛盾的命题,A 和非 A 之间必须既不能同真,也不能同假。例如,"所有的树叶都是绿色的"与"所有的树叶都不是绿色的","有些花是红色的"与"有些花不是红色的",这两对命题就不符合上面关于"A"和"非 A"的要求,因此不能对之使用排中律。

排中律的逻辑要求是:对两个相互矛盾的命题不能都否定,必须肯定其中一个,否则会犯"两不可"的错误。它的作用在于保证思维的明确性。

于是,根据矛盾律对两个相互矛盾的命题,不能同时都肯定,否则犯"自相矛盾"的错误;根据排中律,也不能同时都否定,否则犯"两不可"的错误。因此,在一对相互矛盾的命题中间,必定是肯定一个否定另一个;或者说,任一命题必定或者为真或者为假,非真即假,非假即真。这就是所谓的"二值原则"，一般使用的逻辑都是建立在这个原则之上的，因此叫"二值逻辑"，请看下面的例子。

 案例

学校在为失学儿童义捐活动中收到两笔没有署真名的捐款，经过多方查找，可以断定是周、吴、郑、王中的某两位捐的。询问中，周说："不是我捐的。"吴说："是王捐的。"郑说："是吴捐的。"王说："我肯定没有捐。"最后经过详细调查证实，4个人中只有两个人说的是真话。

根据已知条件，请你判断下列哪项可能为真？

A. 是吴和王捐的。

B. 是周和王捐的。

C. 是郑和王捐的。

D. 是郑和吴捐的。

E. 是郑和周捐的。

解析：答案是 C。

吴和王的话是矛盾的，根据排中律，其中必有一真且只有一真。又由题干4个人中只有两人说真话，因此，周和郑两人中有且只有一个人说真话。假设郑说真话，周说假话，则可得出是吴和周捐的款；假设周说真话，郑说假话，则可得出是周和吴都没捐，而是郑和王捐的。这两种假设都没有导致矛盾。

因此，根据题干的条件，有关4人中哪两人捐款，有两种情况可能为真：①吴和周捐的款；②郑和王捐的款。其余的情况一定为假。因此，选项A、B、D和E不可能为真，C项可能为真。

再如下面这个例子。

 案例

一天，小方、小林做完数学题后发现答案不一样。小方说："如果我的不对，那你的就对了。"小林说："我看你的不对，我的也不对。"旁边的小刚看了看他们两人的答案后说："小林的答案错了。"这时数学老师刚好走过来，听到了他们的谈话，并查看了他们的运算结果后说："刚才你们3个人所说的话中只有一句是真的。"

请问下述说法中哪一个是正确的？

A. 小方说的是真话，小林的答案对了。

B. 小刚说的是真话，小林的答案错了。

C. 小林说对了，小方和小林的答案都不对。

D. 小林说错了，小方的答案是对的。

E. 小刚说对了，小林和小方的答案都不对。

解析：答案是 A。

题干中小方和小林的话是相互矛盾的，因此根据排中律，其中必有一句是真的。既然老师说三句话中只有一句是真的，则小刚的话就是假的，由此可知小林的答案没有错，是对的，于是又可以知道小林的话是假的，而小方的话是真的。因此，正确答案是 A。

在口才训练过程中，每个演讲都可以看作是在一个或几个论证的过程。论证同推理有相同之处，也存在差异。下面简单介绍论证的一些知识，以便在口才训练之中潜移默化地使用其要点。

论证是用某些理由支持某一结论的一种思维方式或思维过程，也就是通常所说的"摆事实，讲道理"。论证的作用是预测、解释、决定和说服。

这里，预测是根据某些一般性原理推出某个未来事件将会以何种方式发生；解释是根据某些一般原理去说明某个个别事件为何会如此发生；决定是根据某些一般原理和当下的特殊情况做出行为上的决断：做什么和不做什么；说服显然是用论证把一些理由组织起来，以使对方和公众接受自己的观点。

论证的重要性在于以下几个方面。

对于论证方来说，论证能够使自己的思想走向深刻、全面和正确，这是因为论证要以周密和细致的思考为前提，这往往使得思考的全面与深刻。有些想法、观点泛泛而论可能十分动听、在理，但是一旦使其严格化、精确化，使其与其他观点处于有机统一之中，往往就会发现它漏洞百出，有些甚至根本不能成立。纠正其中的错误则使思考正确化。

对于接受方来说，论证使他也能够通过客观地检验论述者的思考过程来判断他思考的好坏，从而决定是否接受他的想法、观点；如果不接受，又是基于什么样的原因、理由；当有必要时，思考如何去反驳他。

分析哲学就特别强调论证的重要性，甚至认为论证的过程比论证的结论更重要，因为正是论证过程使思想具有了可理解性和可批判性。为一个看似荒谬的论点做出一个好的论证，这是一种十分有益的训练，并且需要一定的才能。

在各种能力性逻辑考试中，重点考查的就是思维的论证性，即对各种已有的推理或论证做出批判性评价：对某个论点是否给出了理由？所给出的理由真实吗？与所要论证的论点相关吗？如果相关，对论点的支持度有多高？是必然性支持（若理由真，则论点或结论必真）还是或然性支持（若理由真，结论很可能真，但也有可能假）？是强支持还是弱支持？给出什么样的理由能够更好地支持该结论？给出什么样的理由能够有力地驳倒该结论或者至少是削弱它？具体考题类型有"直接推断型""强化前提型""削弱结论型"和"说明解释型"等。看下面的例子。

案例

脑部受到重击后人就会失去意识。有人因此得出结论：意识是大脑的产物，肉体一旦死亡，意识就不复存在。但是，电视机被摔损坏，图像当然立即消失，但这并不意味着正由电视塔发射的相应图像信号就不复存在。因此，要得出"意识不能独立于肉体而存在"的结论，恐怕还需要更多的证据。

以下哪项最为准确地概括了"电视机被摔"这一实例在上述论证中的作用?

A. 作为一个证据,它说明意识可以独立于肉体而存在。

B. 作为一个反例,它驳斥关于意识本质的流行信念。

C. 作为一个类似意识丧失的实例,它从自身中得出的结论和关于意识本质的流行信念显然不同。

D. 作为一个主要证据,它试图得出结论:意识和大脑的关系,类似于电视图像信号和接收它的电视机之间的关系。

E. 作为一个实例,它说明流行的信念都是应当质疑的。

解析:答案是 C。

题干所举的"电视机被摔"的实例说明,信息可以独立于它的某种载体而存在,这和"意识不能独立于肉体而存在"流行信念相左。题干引用这一实例并非要完全否定这一流行信念,而只是说明,论证这一信念需要更多的证据,光依据"肉体一旦死亡,大脑意识就不复存在"是不够的。因此,C 项的概括最为准确。

其余各项都不准确。例如,由于题干引用这一实例并非要完全否定关于意识本质的流行信念,因此,A 项和 B 项均不恰当。

题干所举的"电视机被摔"的实例,可以看作是对关于意识本质的流行信念的一种质疑,但显然不能说明流行的信念都是应当质疑的。因此,E 项不恰当。

除了逻辑规律外还应该了解一些论证的知识,因为演讲往往是针对某个话题进行的,而这个话题就是论证的论题。

了解论证的各构成要素是辨识论证的前提。一个完整的论证包含下列要素。

1. 论题

论题即论辩双方共同谈论的某个话题,尽管双方在这个话题上可能具有完全相反的观点,例如,"是否应该允许大学生在读期间结婚?"就是一个论题,围绕这个论题至少可以形成相互抵触的两种不同的观点。

但有些时候,论题本身就是论证者要加以证明的观点,即论题本身就可以是论点。所以,一个具体的论证中往往不需要明确地将论题表示出来。

2. 论点

论点即论证者在一个论证中所要证明的观点,它可以是描述性的,即表明世界是怎样的;也可以是指示性的,即表明世界应该如何、何者为好何者为坏等。

论点常常放在论证的开头,论证者一开始就表明自己的观点。但论点也是一个论证所要得出的结论。所以,论点既是论证的起点,也是论证的终点。

3. 论据

论据相当于推理的前提,它指的是论证者用来论证其论点的理由、根据。论据可以是一般性原理,也可以是事实性断言。一般要求论据必须是真实的,至少是论证双方共同接受的。

4. 论证方式

论证方式即论据对于论点的支持方式,表现为某种推理形式或某些推理形式的复合。由于推理形式可以是演绎的,也可以是归纳的,所以,论证方式可以是演绎的,也可以是归纳的,还可以是谬误的。这需要对具体论证作具体分析。

5. 隐含的前提或假设

论证常常隐含地利用了一些前提或假设,相应地也隐含地使用了一些推理形式,而没有把它们统统明明白白地说出来或写出来。但当我们要对一个论证的可靠性做出评估时,常常需要把它们考虑进来。

(二)逻辑思维训练

1. 概念训练

东方日出,西方日落,社会是发展的,生物是进化的,都反映了不以人的意志为转移的客观规律。某甲对此不以为然。他说:"有的规律是可以改造的。人能改变一切,当然也能改造某些客观规律。比如,价值规律不是乖乖地为精明的经营者服务了吗?人不是把肆虐的洪水制住而变害为利了吗?"

以下哪些揭示了某甲上述议论中的错误?

A. 他过高估计了人的力量。

B. 他认为"人能改造一切"是武断的。

C. 他混淆了"运用"与"改造"的概念。

D. 价值规律若被改造就不叫价值规律了。

解析:答案是 C。

某甲混淆了"运用"和"改造"的概念,正确选项是 C。其他选项都没有指出某甲议论中的逻辑错误。

案例

厄尔尼诺和拉尼娜是热带海洋与大气相互作用的产物。拉尼娜的到来将对全球气候产生相反的影响,由厄尔尼诺现象造成的许多反常气候就会改变。

美国沿海遭受飓风袭击的可能性会上升;澳大利亚东部发生洪水;南美洲和非洲东部地区可能出现干旱;南亚将出现猛烈的季风雨;英国气温将会下降;大西洋西岸可能提前出现暴风雨和大雪,并使该地区的产粮区遭受破坏性旱灾;东亚的雨带将往北移,秋冬季雨水会增多。

拉尼娜在将冷水从海底带到水面的同时,也将海洋深层营养的物质带到水面加快浮游植物和动物繁殖,将使东太平洋沿岸国家渔业获得丰收。

以下除哪项外,都是上文描述的拉尼娜现象可能带来的影响?

A. 非洲某些地区的干旱不但没有缓解,而且有加重的趋势,非洲一些国家的生活仍然艰难。

B. 澳大利亚西部可能发生洪水,对该地区的牧业将产生不良的影响,世界羊绒的价格可能上涨。

C. 美国东海岸地区的冬天会变冷,降雪量会有明显的增加,影响该地区的粮食生产,世界粮食价格有上涨的趋势。

D. 由于冬季雨水比较充沛,我国北方冬小麦的生长条件得到改善,小麦产量将会有所增加。

解析:答案是B。

本题的出题点在于考查"地区词"使用是否得到。A是可能带来的影响,文中涉及"非洲东部";B不是带来的影响,题干只有澳大利亚东部,没有澳大利亚西部,内涵和外延都不同。选项C和D涉及的地区在文中对应的分别是"美国沿岸"和"东亚"。

2. 推理训练

 案例

某岛上男性公民分为骑士和无赖。骑士只讲真话,无赖只讲假话。骑士又分为贫穷的和富有的两部分。有一个姑娘,她只喜欢贫穷的骑士,一个男性公民只讲一句话,使得这姑娘确信他是一个贫穷的骑士。另外,姑娘问任何一个男性公民一个问题,根据回答就能确定他是否为贫穷的骑士。

以下哪项可能是该男性公民所讲的话?

A. 我不是无赖。

B. 我是贫穷的骑士。

C. 我不是富有的骑士。

D. 我很穷但我不说假话。

E. 我正是你所喜欢的人。

解析:答案是C。

C只能是贫困骑士说的,无赖不能说这句话,否则,根据无赖说假话,可得"我是贫困骑士"是事实,这与说话者为无赖矛盾。富有的骑士也不能说这句话,因为骑士是说真话的,富有骑士不能说自己不是富有骑士,否则自相矛盾。其余几项都存在两种人或三种人可以说,不能测试出贫穷的骑士。

 案例

媒体上最近充斥着关于某名人的八卦新闻,这使该名人陷入一种尴尬的境地:如果他不出面做澄清和反驳,那些谣传就会被大众信以为真;如果他出面澄清和反驳,反而引起更多的人的关注,使那些八卦新闻传播得更快更广。这也许是当名人不得不付出的代价吧。

如果上述陈述为真,以下哪项的陈述必然真?

A. 该名人实际上无法阻止那些八卦新闻对他个人声誉的损害。

B. 一位名人的声誉不会受媒体八卦新闻的影响。

C. 在面对八卦新闻时,该名人所能采取的最好的策略就是澄清真相。

D. 该名人的一些朋友出面夸他,反而会起反效果。

解析:答案是 A。

不反驳则大众信以为真;反驳则八卦新闻受到更多关注;

反驳或不反驳=大众信以为真或八卦新闻受到更多关注(总之无法阻止对声誉的损害)。

3. 思维规律训练

某班有 60 个学生,男女各占一半。其中有 40 个同学喜欢数学,有 50 个同学喜欢语文。下面哪项可能为真?

A. 20 个男生喜欢数学但不喜欢语文。

B. 20 个喜欢语文的男生不喜欢数学。

C. 30 个喜欢语文的女生不喜欢数学。

D. 30 个喜欢数学的男生只有 10 个喜欢语文。

解析:答案是 B。

选项 A:A 的后半部分能得出有 10 个男生喜欢语文,这样,即使 30 个女生全部都喜欢语文,加上喜欢语文的 10 个男生,也才有 40 个同学喜欢语文,与题干 50 个同学喜欢语文矛盾。

选项 B:20 个男生不喜欢数学,则有 10 个男生喜欢数学,假如 30 个女生都喜欢数学,题干中的 40 个同学喜欢数学就能满足,所以这是可能的。

选项 C:30 个女生都不喜欢数学,则即使所有男生都喜欢数学,也才 30 个人,但题目中说有 40 个人喜欢数学,矛盾,排除。

选项 D:只有 10 个喜欢语文,则即使 30 个女生全部喜欢语文,也才 40 个同学喜欢语文,与题干中的 50 个同学喜欢语文矛盾。

案例

在一次商业谈判中,甲方总经理对乙方总经理说:"根据以往贵公司履行合同的情况,有的产品不具有合同规定的要求,我公司蒙受了损失,希望以后不再出现类似的情况。"

乙方总经理说:"在履行合同中出现不符合要求的产品,按合同规定可以退回或要求赔偿,贵公司当时既不退回产品,又不要求赔偿,这究竟是怎么回事?"

乙方总经理问句的实质是什么?

解析：

从甲乙两方的对话看，甲方在提问中包含"稻草人"的逻辑错误，乙方发现了这一点，做出了正确的应对。乙方以反问句的形式，指出甲方在谈判中无中生有，故意指责乙方，以便在本次谈判中讨价还价。

总而言之，要想充分利用逻辑学知识提升口才，首先要掌握必要的逻辑学知识，除了上述逻辑基本规律外，还有词项逻辑和命题逻辑知识，限于篇幅，不多介绍。

三、 逆向思维

逆向思维是指对司空见惯的似乎已成定论的事物或观点反过来进行思考的思维方式。通常，我们会按照常理来思考问题，但有时候需要"反思道而思之"，从问题的另一面出发进行思考。逆向思维就是换个角度看问题，有时候它会让我们收到意想不到的效果，令人豁然开朗，在困境中寻找到突破。

一些问题，按照常理解决可能比较慢，或者解释不通，这时候就需要逆向思维。可以说，在很多事情上，有了逆向思维就会茅塞顿开。近期，飞机频频出事，大家或多或少都有"恐飞"症，这是正常思维。但是，如果我们换个角度思考，其他交通工具出事就少吗？从概率论上来说，坐飞机反而是相对安全的。

再比如说，生活在大都市的人都比较现实，压力也相对较大。假如某一天出门，路上有人撞到了你，如果你想到，这不也是一种缘分吗？茫茫人海中又有几个人能跟我撞在一起呢？想到这里，我们一天的心情或许不会因此被破坏。

懂得逆向思维，看问题的时候就会全面，也就懂得趋利避害去选择，从而获得较为合理的一面。生活中很多事情都需要全方位的思考才能给事情一个更加合理的解释。

（一）逆向思维的特点

1. 新颖性

这里说的新颖性指的是不循规蹈矩，不按照旧的传统思考问题，使思路开阔，放弃不良习惯的束缚。任何事物都有多面性，鉴于经验或文化等因素的影响，人们往往看不到事物的其他面，而只看它的一面，这忽视了事物对人们更有利的一面。逆向思维能使得既有思路获得生机，往往给人耳目一新的感觉。

2. 普适性

可以说，逆向思维在各领域都能适用。从哲学上寻找根源，或许我们能追溯到矛盾的对立统一律。对立统一使得事物具有两面性，而逆向思维是指不仅看到事物熟知的一面，还要看到事物的另外一面。

常说上下、左右、软硬、高低等性质是对立的两个极端。不论哪种对立面，只有能从一个方面联想到另外一个方面，那就是运用了逆向思维。

3. 不易接受性

与往常思维比较,逆向思维往往具有一定的不适应性,所以不是所有人都能接受这种思维。或许是由于惰性,人们更容易接受惯性思维。但是,惯性思维不一定就好。很多时候,对旧有的传统、常识进行批判,克服思维定势,会带来意想不到的后果,使事业别出新意,柳暗花明。

(二)良好的口才需要进行逆向思维训练

逆向思维在口才辩解中是经常用到的。人们在利用逆向思维时,有一种情况是这样用的,即先假设对方观点正确,然后按照这个思路思考下去,然后得出矛盾,从而否定原来的假定。这种方法在逻辑上叫作归谬法。

 案例

晏子使楚的典故中便含有逆向思维的成分。当楚王让晏婴从狗门进入的时候,用意在于侮辱晏婴个子矮小。晏婴说,出使狗国,那就从狗门进去吧。楚王没趣,便让晏婴从正门进入。

楚王无礼道:"齐国没人了吗,怎么让你这么个人来见我?"晏子反驳道:"我们国家有自己的邦规,出使什么样的国家用什么样的人。我不够贤良,故而出使楚国。"楚王自讨没趣。

晏子使楚的故事告诉我们,事物本来不好的一面,稍加利用,便能看到其有用的一面,抓住这一点,便能争取到对自己有利的一面。晏子正是沿着对方的思维前进,找到对方的弱点和缺陷,达到攻击对方的效果。这样既保存颜面与自身安全,又让对方哑口无言,实为智慧之举。

逆向思维的获得是需要进行训练的,需要具备一定的方法才能在思考问题的时候思路大开,游刃有余。

 训练一:破除惯性思维

1. 列举一些常识性概念

假如我们要开一家新型便利店,便要列出已有的便利店的一些特征,如下面所列举的:

(1)日用百货;

(2)有停车位;

(3)24 小时营业。

2. 打破现状

接着,试着打破上述常识性概念:如

(1)取特定商品;

(2)没有停车位;

(3)在一定时间内营业。

3. 考虑新型方案

以反常识的思路出发,考虑新型方案。这里主要讨论具体的实施方案,可行性论证尚待研究:

(1) 只摆放几种常用物品;

(2) 在特定区域开设小规模便利店;

(3) 深夜休息,夜间不营业。

 训练二:从成语、习惯用语中汲取营养

成语、习语可以说饱含古人的智慧,是几千年来先贤的经验与体验的积累。但是,并不是说成语的寓意就绝对正确。我们往往习惯于惯有说法,而看不到其反面也有对我们有利的一面。

1. 今朝有酒今朝醉

原有意义:强调一时兴起,好好享受当下的快乐。

递向思维:不是任何时候都可以尽兴享受一时快乐的,忘我的贪图一时快乐往往忽视不良后果,有时选择恰当时机吃喝玩乐是明智之举。

2. 班门弄斧

原有意义:比喻在行家面前显摆,讽刺那些不识趣的举动。

递向思维:应该到班门去弄斧,这样反而能得到指点,就好像学本领该有高人指教一样,应该向比自己强的人讨教,这样可以少花费时间。

还有很多成语和习语,如狐假虎威、愚公移山、杞人忧天、买椟还珠等,都可以想到新的解释。

另外,在演讲与口才方面,递向思维的发挥有很多案例,我们选取其中几个跟大家分享。这些案例中有的体现晏子使楚的智慧,即不直接反驳对方观点,而是先假定对方观点正确,进而让对方陷入荒谬的境地。还有就是进行反向思考,看到事物的另一面,这些都值得我们学习。

案例

案例一:非洲某个国家白人政府实施"种族隔离"政策,不允许黑皮肤人进入白人专用的公共场所。白人也不喜欢与黑人来往,认为他们是低贱的种族,唯恐避之不及。

有一天,有个长发的洋姐在沙滩上晒日光浴,由于过度疲劳,她睡着了。当她醒来时,太阳已经下山。此时,她觉得肚子饿,便走进沙滩附近的一家餐馆。她推门而入,选了张靠窗的椅子坐下。她坐了约15分钟。没有侍者前来招待她。她看着那些招待员都忙着侍候比她来得还迟的顾客,对她则不屑一顾,顿时怒气满腔,想前去责问那些招待员。当她站起身来,正想向前时,眼前有一面大镜子。她看着镜中的自己,眼泪不由夺眶而出。原来,她已被太阳晒黑了。此时,她才真正体会到黑人被白人歧视的滋味!这或许是冥冥之中的安排,让白人受到自己的惩罚。不用别人运用递向思维批驳白人的思维,上天已经安排他们自己批判自己的思维。"你不是感觉很好吗,真的对自己有利吗?"

案例二:著名的爱尔兰戏剧家萧伯纳脊椎曾经出过问题,需要从脚上取一块骨头弥补脊椎缺损。手术做完后,医生想多要些报酬,就对萧伯纳说:"先生,这是我们从来没做过的手术啊!"萧伯纳会意说:"这好极了,您打算给我多少试验费啊?"

前提都是"从未做过的手术",得出的结论却不相同。这里,萧伯纳运用了逆向思维。他们看问题的方向是不同的,但都得出对自己有利的一面,而且都是合理的。萧伯纳巧用逆向思维,起到了反攻为守的效果。

总而言之,要想运用逆向思维提升口才,要在讲话过程中善于从对方的思路出发,总结出对方话语中的漏洞,进而反守为攻,变被动为主动,令对方陷入自己设的陷阱中。

四、发散性思维

著名的心理学家吉尔福特指出:"人的创造力主要依靠发散思维,它是创造思维的主要部分。"

这里所说的发散性思维是指与集中思维相对的一种思维方式。发散性思维是对问题从不同角度进行探索,从不同层面进行分析,从正反两极进行比较,因而视野开阔,思维活跃,可以产生出大量的独特的新思想。集中思维是指人们解决问题的思路朝一个方向聚敛前进,从而形成唯一的、确定的答案。

例如,7+4=11,这就是集中思维,而如果问"还有哪些数相加也为11呢?",这就有多种结论,这就是发散性思维,这种思维更利于创造性思维的培养。

发散性思维之所以能够具有很大的创造性,是因为它可以使人在遇到问题时使思维迅速而灵活地朝着多个角度、多个层次发散开,从给定的信息中获得多个新颖性的答案。但是,发散性思维的创造性又离不开集中思维,只有通过思维的集中才能从对各种答案的分析、比较中选择出其中一种最佳的答案。

所以,培养学生的创造性思维,这两种思维都应该重视。只是由于学生受传统思维方式的影响和束缚,在遇到问题时往往思路狭窄,拓展不开,成为影响创造性思维的首要障碍,因而在实际训练中对发散性思维的训练又应该给予特别的注意。

培养自己的发散性思维,一定要在吃透问题、把握问题实质的前提下,打破思维定势,改变单一的思维方式,运用联想、想象、猜想、推想等尽量地拓展思路,从问题的各个角度、各个方面、各个层次进行或顺向、或逆向、或纵向、或横向的灵活而敏捷的思考,从而获得众多的方案或假设。

例如写作文,从审题、立意到选材、结构、从一个词的选用到一个句的修饰,几乎无不需要发散性思维。思维发散得好,可供选择的东西就多,所选取的结果就新颖而富有创造性,所写的文章也就会在各个方面给人以新意。

那么如何对自己的发散性思维品质进行培养呢,这里应循序渐进着力于3个层次的自我培养。

(1)流畅性。

流畅性是发散性思维的第一层次,即培养自己的思维速度,使其在短时间内表达较多的概念,枚举较多的解决问题方案,探索较多的可能性。例如,自己在短时间内写出包含"木"的所有的汉字,每个人写出的个数的不同,这就是一个人流畅性的区别。

(2)变通性。

变通性是较多层次的发散特征,即培养自己从不同的角度灵活考虑问题的良好品质。例如,在自己所写出的包含"木"字的汉字中有上下结构、左右结构、独体字、包含结构、半包含结构,如果所有结构的汉字都存在说明一个人的变通性较好。

(3)新颖性。

新颖性是发散性思维的最高层次,也是求异的本质所在。新颖性是指一个人提出的观点和产生的想法的创新性。

培养发散性思维,主要是对发散性思维所提供的众多答案或假设的分析,比较、综合、选择的能力。有了这些能力,便能从中选择出一个最佳的答案,获得创造性的结果。

这里还应该提及的是,发散性思维之所以能够具有很大的创造性,就是因为它可以使人在遇到问题时使思维迅速而灵活地朝着多个角度、多个层次发散开来,从给定的信息中获得多个新颖性的答案。

如何培养发散性思维,这是一个很大的题目,这里无法展开详细的论述,所以只能介绍一些公认有效的训练方法,而不求全面。

1. 发挥想象力

德国著名的哲学家黑格尔说过:"创造性思维需要有丰富的想象。"

案例

一位教师在课堂上给同学们出了一道有趣的题目"砖都有哪些用处?",要求同学们尽可能想得多一些,想得远一些。有的同学想到了砖可以造房子、垒鸡舍、修长城,有的同学想到古代人们把砖刻成建筑上的工艺品。

有一位同学的回答很有意思,他说砖可以用来打坏人。从发散性思维的角度看,这位同学的回答应该得高分,因为他把砖和武器联系在一起了。

一位妈妈从市场上买回一条活鱼,女儿走过来看妈妈杀鱼。妈妈看似无意地问女儿:"你想怎么吃?""煎着吃!"女儿不假思索地回答。妈妈又问:"还能怎么吃?""油炸!"除了这两种外,还可以怎么吃?"女儿想了想:"烧鱼汤。"妈妈穷追不舍:"你还能想出几种吃法吗?"女儿眼睛盯着天花板,仔细想了想,终于又想出了几种:"还可以蒸、醋熘,或者吃生鱼片。"

妈妈还要女儿继续想,女儿思考了半天才答道:"还可以腌咸鱼、晒鱼干吃。"妈妈首先夸奖女儿聪明,然后又提醒女儿:"一条鱼还可以有两种吃法,比如,鱼头烧汤、鱼身煎,或者一鱼三吃、四吃,是不是? 你喜欢怎么吃,咱们就怎么做。"

女儿点点头:"妈,我想用鱼头烧豆腐,鱼身子煎着吃。"这一番对话,实际上是妈妈在对孩子进行发散性思维训练。

培养学生的创造性既要靠教师,也要靠家长。要善于从教学和生活中捕捉能激发学生创造欲望,为他们提供一个能充分发挥想象力的空间与契机,让他们也有机会"异想天开",

心驰神往。要知道,奇思妙想是产生创造力的不竭源泉。

在寻求"唯一正确答案"的影响下,学生往往是受教育越多,思维越单一,想象力也就越有限。这就要求教师要充分挖掘教材的潜在因素,在课堂上启发学生,展开丰富合理的想象,对作品进行再创造。

2. 淡化标准答案,鼓励多向思维

学习知识要不唯书、不唯上、不迷信教师和家长、不轻信他人。应倡导让学生提出与教材、与教师不同的见解,鼓励学生敢于和同学、和教师争辩。

单向思维大多是低水平的发散,多向思维才是高质量的思维。思维时应尽可能多地给自己提一些"假如""假定""否则"之类的问题,强迫自己换另一个角度思考,想自己或别人未想过的问题。

教师在教学中要多表扬、少批评,让学生建立自信,承认自我,同时鼓励学生求新。训练学生沿着新方向、新途径去思考新问题,弃旧图新、超越已知,寻求首创性的思维。

 案例

有一篇题为《一切为了考试》的中学生作文,记述了一个"奇怪的梦"。

"记不清是哪天晚上,我做了一个奇怪的梦:

四面楚歌,十面埋伏,真是莫名惊诧。

一元二次方程的判别式是什么?

茅盾原名? 教科书上写着沈雁冰,老师说是沈德鸿,无所适从。

烈日当空。氢氧化铝分子式。蚊子叮在脖子上,啪! 电视节目是《血的锁链》,父亲不让看电视。春眠不觉晓,多困啊! 又是可恶的二元二次方程式,监考老师严峻的脸。一张53分的数学试卷,我吓得大哭。

氢原子只有一个电子,我只有一个脑子,怎么塞得下这么多的化学方程式。宪法为什么是国家根本大法? 一切为了考试。"

文章生动而形象地再现了一个中学生的梦境。这是一个中学生殚精竭虑的拼争和无奈时的呐喊。作者将强烈的创新意识、大胆的思维方式引进作文,思想信马由缰,纵横驰骋,内容腾挪闪错,时空交替变换,意境奇幻诡谲,传神地表现了一个中学生临考前不胜重负的心理,读后发人深思。

3. 打破常规、弱化思维定势

法国生物学家贝尔纳说过:"妨碍学习的最大障碍,并不是未知的东西,而是已知的东西。"

一道智力测验题"用什么方法能使冰最快地变成水?",一般人往往回答要采用加热、太阳晒的方法,答案却是"去掉两点水",这就超出人们的想象了。

思维定势能使学生在处理熟悉的问题时驾轻就熟,得心应手,并使问题圆满解决。所以用来应付现在的考试相当有效。但在需要开拓创新时,思维定势就会变成"思维枷锁",阻碍新思维、新方法的构建，也阻碍新知识的吸收。

因此，思维定势与创新教育是相互矛盾的。"创"与"造"两方面是有机结合起来的，"创"就是打破常规，"造"就是在此基础上产生出价值。

另外，下面我们给出发散性思维实战训练，帮助读者体会发散性思维到底是如何运行的。

 训练：发散性思维实战

（一）

中国古代著名的思想家、名家惠施曾经有一个著名的辩题"连环可解"。

连环是一种相互套连的环，本来是无法按照常规方法解开的，但是惠施却说可以。历代人按照个人理解，创造出各种解法。

一种解法是将连环"解体"视为"可解"。

《战国策》里有这样的记载，说有个人送给齐威王一个玉连环让他解开，齐威王不假思索，拿起一把锤子便将玉环打碎了。

一种解法是将活动自如视为"可解"。

唐代道士成玄英在注疏《庄子·天下》时说："夫环之相贯，贯于空处，不贯于环也，是以两环贯空，不相涉入，各自通转，故可解者也。"

一种解法是将可计算视为"可解"。

现代思想家胡适说："对于计算连环的圆周和半径的数学家来说，每一环都可看作是与他环分离的。它们之间彼此扣接，完全没有给他（的计算）带来任何困难。"

不管以上几种解法是否符合当初惠施设定题目的本意，但从发散性思维角度看，是成功的。哪怕这些答案与原先理解不一样，但只要言之有据，合乎情理，都在发散性思维新的理解之中。

（二）

请读者迅速说出 10 种汽车品牌、10 种鸟的名字、10 中蔬菜的名字……

下面我们以一个经典案例结束本节内容。

有一次，苏格拉底与一位青年学生讨论道德问题。苏格拉底问这位青年："人人都说要做有道德的人，你能不能告诉我什么是道德呢？"那位青年回答说："做人要忠诚老实，不能欺骗人，这是大家都公认的道德行为。"

苏格拉底接着问道："你说道德就是不能欺骗人，那么在和敌人交战的时候，我方的将领为了战胜敌人，取得胜利，总是想尽一切办法欺骗和迷惑敌人，这种欺骗是不是违背道德的呢？"那位青年回答道："对敌人进行欺骗当然是符合道德的，但欺骗自己人就是不道德的了。"

苏格拉底接着问道："在我军和敌人作战时，我军被包围了，处境困难，士气低落。我军将领为了鼓舞士气，组织突围，就欺骗士兵说，我们的援军马上就到，大家努力突围出去。结果士气大振，突围成功。你能说将军欺骗自己的士兵是不道德的吗？"那位青年回答说："那是在战争的情况下，战争情况是一种特殊的情况。我们在日常生活中不能欺骗。"

　　苏格拉底接着问道:"在日常生活中,我们常常会遇到这种情况,儿子生病了,父亲拿来药,儿子又不愿意吃。于是,父亲就欺骗儿子说,这不是药,是一种好吃的东西,儿子吃了药,病就好了。你说这种欺骗是不道德的吗?"那位青年说:"这种欺骗是符合道德的。"

　　苏格拉底又问道:"不骗人是道德的,骗人也是道德的,那么什么才是道德呢?"那位青年回答说:"你把我弄糊涂了,以前我还知道什么是道德,我现在不知道什么是道德了。那么您能不能告诉我什么才是道德呢?"苏格拉底笑着回答:"其实,道德就是道德本身。"苏格拉底的意思是,道德在不同的语境中有着不同的含义,不存在任何一成不变的道德概念。

　　这个故事是苏格拉底沿着对方思路,发挥发散性思维的结果,最终达到澄清概念、分清层次的效果。

　　总而言之,要想运用发散性思维提高自己的口才,讲话者要保持清醒敏锐的头脑,根据当时的情境,烘托主题,做到因势利导,紧扣主题,当然根据实际需要,有时也需要岔开主题。总之,要调动自己的知识和语言储备,充分运用发散性思维来升华自己的演讲。

思考与练习

　　运用逆向思维,给下列成语确定立意新颖的命题:狐假虎威、东施效颦、杞人忧天。

　　提示:一般认为,这3个词是贬义词,如果在演讲中,能挖掘其褒义内容,则能收到意想不到的效果。

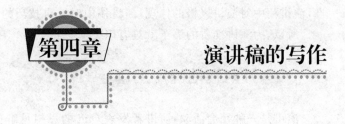

第四章　演讲稿的写作

学习目标

（1）了解演讲稿的 6 个特点；

（2）明确演讲稿的格式，熟练掌握写演讲稿的技巧。

技能要求

（1）明确演讲主题，正确表达观点；

（2）准确使用演讲稿的格式；

（3）熟练运用演讲技巧表达自己真情实感。

第一节　演讲稿的特点

演讲稿也叫演说辞，是在较为隆重的仪式上和某些公众场所发表的讲话文稿。

演讲稿与其他文稿既有相同之处，又有不同的地方。相同之处在于：演讲稿和其他文稿都是内部语言通过文学的外现，都要紧紧围绕主题来选择材料，谋篇布局。

它们的不同之处主要有 4 点：

（1）一般文稿主要是给人看的，因此要使用规范化的语言。而演讲稿主要是讲给人听的，为了讲起来朗朗上口，听众听起来顺耳、悦耳，在写作中就特别需要注意语言的口语化。

（2）读者在阅读其他文稿时有思考的余地，因此在结构上注重跌宕起伏，曲折多变，内容安排上也可以盘根错节，错综复杂。而演讲的语言听起来稍纵即逝，听众对演讲者每一句话的内在含义，几乎没有思考玩味的余地，这就要求演讲稿在充分注意艺术性的前提下，要尽量做到脉络清晰，结构简明，层次清楚。

（3）其他文稿一旦印出来，便无从改动了。而演讲稿则不然，它的可变性较大，演讲时可随时改动。有时由于灵感的激发，有时根据听众和氛围的反馈，往往有些变动，或增或删，甚至变动较大。

（4）其他文稿是作者通过文章向读者单方面的输出信息，演讲则是演讲者在现场与听众双向交流信息。

严格地讲，演讲是演讲者与听众、听众与听众的三角信息交流，演讲者不能以传达自己的思想、情感和情绪为满足,他必须能控制住自己与听众、听众与听众情绪的反应和交流。

另外,演讲稿还有一些区别于其他文稿的独特性和特殊要求,诸如演讲稿结构的动态性,演讲稿中对演讲风格的体现,演讲稿中对演讲技巧的暗含等。

所以,为演讲准备的稿子就具有以下 6 个特点。

一、有针对性地确定主题

演讲是一种社会活动,演讲者发表自己的思想见解就是对事物做出自己的评价。这种评价听众能否接受,将受到听众价值心理的影响。诸如政治价值、经济价值、人生价值、知识价值、审美价值、伦理价值等,都将影响听众对演讲的需求心理。因此,选题一定要有针对性。

演讲的选题非常重要,选题的确立决定着演讲构思的取舍,也决定着演讲的价值。新颖、独特、充满真理光辉的题目,能使演讲的价值倍增;陈旧、俗套的题目会使演讲黯淡无光。那么,怎样选择演讲稿的题目呢?

(1)选时代感强烈的题目。选题要有强烈的时代感,要突出社会教育作用,要反映大众的意志,体现大众的愿望,表达大众的呼声。要选择大众最关心的,社会现实亟须解决的问题作为选题。可以赞颂和支持进步的革命思想,也可以批评和鞭挞落后的腐朽思想;可以宣传提倡真善美的事物,也可以揭露、抨击假恶丑的事物。选题一定要有自己的独到见解,要使人耳目一新,不能人云亦云。演讲题目要洋溢时代气息,以唤起听众的关切和注意。

(2)选有积极意义的题目。选题要给听众一种希望。要选择那些光明的、美好的、富有建设性的题目。如《自学成才》,听了这个题目就会给人一种鼓励,去掉失望心理、充满信心走自学之路。不要选择那些无力的、隐晦的、消极的、破坏性的题目。如《自学并非易事》,虽有一定道理,但却使人有灰心丧气之感。因此,选题要在实事求是的基础上,选择积极向上、令人振奋鼓舞的题目。

(3)选自己熟悉的题目。确立选题时,要选择自己比较熟悉,并且有条件、有把握讲好的题目。所谓自己熟悉的题目,是自己在某个领域或某一个问题上经历了一番辛苦的劳动,进行过研究和探讨。如亲自实践过,收集和整理了有关资料,用心做过周密的思考,获得了一些独到的体会等。许多演讲者的实践证明,选择自己比较熟悉的或是选择和自己的专业、知识面比较接近的题目,就容易讲得深、讲得透,能讲出自己的风格。因为熟悉,才有话可说;因为熟悉,演讲者才能产生激情,也才能去感染听众。

如果演讲者对自己的题目根本不熟悉,或者对演讲题目所涉及的基本知识一知半解,似懂非懂,所写出的演讲稿内容一定贫乏,所表明的观点、做出的结论就必然缺乏坚实可靠的论据。另外,演讲的选题要合乎演讲者的身份,要能够体现演讲者的个性特点与风格。不能选那些与自己身份根本不相称的题目作为自己的演讲选题。

(4)确立选题时,要处理好听众认知能力与选题内容的关系。听众认知能力与选题内容的关系分为 3 个层次:低于选题内容,高于选题内容,适合选题内容。当听众认知能力低于选题内容或高于选题内容,选题都是不合适的。同数学家讲哥德巴赫猜想,同物理学家讲相对论,与中学生或工人、农民讲哥德巴赫猜想和相对论,效果是截然不同的。前者可能激动不已,赞不绝口;后者不仅无动于衷,而且会感到茫然不知所措,索然无味。因此,确立选题时,选题内容要与听众认知能力相适合。

二、 具有故事性

讲故事在演讲中起举足轻重的作用,一个好的演讲离不开好的故事,一个好的故事能成就一次好的演讲。

那有哪些故事可以讲呢? 总结起来有 5 大类故事。

1. 讲自己的故事

自己的故事是最有感染力的,也是最有说服力的,一个能讲好自己故事的人,一定是一个公众演讲的高手。

2. 讲别人的故事

虽然是别人的故事,但通过这些真实的故事,能吸引和打动别人。需要提醒的是,故事一定是真实的,演讲者讲起来才有底气、才有自信。

3. 讲名人的故事

名人的故事往往比较具有说服力,同时听众也会对一些名人的故事比较感兴趣。

4. 讲哲理小故事

哲理小故事都富有一定寓意,是我们说服听众的一种很好的工具,同时,哲理小故事也有一定的趣味性,讲起来使演讲更加生动。

5. 讲案例故事

案例的选择一定要和自己所演讲的内容有关,这样通过真实的案例才能和听众达到共鸣,获得好的演讲效果。

莫言发表诺贝尔奖获奖演说(有删减)

我母亲生于 1922 年,卒于 1994 年,她的骨灰埋葬在村庄东边的桃园里。去年,一条铁路要从那儿穿过,我们不得不将她的坟墓迁移到距离村子更远的地方。掘开坟墓后,我们看到棺木已经腐朽,母亲的骨殖已经与泥土混为一体。

我们只好象征性地挖起一些泥土,移到新的墓穴里,也就是从那一时刻起,我感到,我的母亲是大地的一部分,我站在大地上的诉说,就是对母亲的诉说。

我是我母亲最小的孩子。

我记忆中最早的一件事是提着家里唯一的一个热水瓶去公共食堂打开水。因为饥饿无力,失手将热水瓶打碎,我吓得要命,钻进草垛,一天没敢出来。傍晚的时候,我听到母亲呼唤我的乳名。我从草垛里钻出来,以为会受到打骂,但母亲没有打我也没有骂我,只是抚摸着我的头,口中发出长长的叹息。

　　我记忆中最痛苦的一件事，就是跟随着母亲去集体的地里捡麦穗，看守麦田的人来了，捡麦穗的人纷纷逃跑，我母亲是小脚，跑不快，被捉住，那个身材高大的看守人扇了她一个耳光。她摇晃着身体跌倒在地。看守人没收了我们捡到的麦穗，吹着口哨扬长而去。

　　我母亲嘴角流血，坐在地上，脸上那种绝望的神情让我终生难忘。多年之后，当那个看守麦田的人成为一个白发苍苍的老人，在集市上与我相逢，我冲上去想找他报仇，母亲拉住了我，平静地对我说："儿子，那个打我的人，与这个老人，并不是一个人。"

　　我记得最深刻的一件事是一个中秋节的中午，我们家难得包了一顿饺子，每人只有一碗。正当我们吃饺子时，一个乞讨的老人，来到了我们家门口，我端起半碗红薯干打发他，他却愤愤不平地说："我是一个老人，你们吃饺子，却让我吃红薯干，你们的心是怎么长的？"我气急败坏地说："我们一年也吃不了几次饺子，一人一小碗，连半饱都吃不了！给你红薯干就不错了，你要就要，不要就滚！"母亲训斥了我，然后端起她那半碗饺子，倒进老人碗里。

　　我最后悔的一件事，就是跟着母亲去卖白菜，有意无意地多算了一位买白菜的老人一毛钱。算完钱我就去了学校。当我放学回家时，看到很少流泪的母亲泪流满面。母亲并没有骂我，只是轻轻地说："儿子，你让娘丢了脸。"

　　我母亲不识字，但对识字的人十分敬重。我们家生活困难，经常吃了上顿没下顿，但只要我对她提出买书买文具的要求，她总是会满足我。她是个勤劳的人，讨厌懒惰的孩子，但只要是我因为看书耽误了干活，她从来没批评过我。

　　有一段时间，集市上来了一个说书人。我偷偷地跑去听书，忘记了她分配给我的活儿。为此，母亲批评了我。晚上，当她就着一盏小油灯为家人赶制棉衣时，我忍不住地将白天从说书人那里听来的故事复述给她听，起初她有些不耐烦，因为在她心目中，说书人都是油嘴滑舌、不务正业的人，从他们嘴里，冒不出什么好话来。

　　但我复述的故事，渐渐地吸引了她。以后每逢集日，她便不再给我排活儿，默许我去集上听书。为了报答母亲的恩情，也为了向她炫耀我的记忆力，我会把白天听到的故事，绘声绘色地讲给她听。

　　自己的故事总是有限的，讲完了自己的故事，就必须讲他人的故事。于是，我的亲人们的故事，我的村人们的故事，以及我从老人们口中听到过的祖先们的故事，就像听到集合令的士兵一样，从我的记忆深处涌出来。他们用期盼的目光看着我，等待着我去写他们。

　　我的爷爷、奶奶、父亲、母亲、哥哥、姐姐、姑姑、叔叔、妻子、女儿都在我的作品里出现过，还有很多的我们高密东北乡的乡亲，也都在我的小说里露过面。当然，我对他们，都进行了文学化的处理，使他们超越了他们自身，成为文学中的人物。

　　我最新的小说《蛙》中，就出现了我姑姑的形象。因为我获得诺贝尔奖，许多记者到她家采访，起初她还很耐心地回答提问，但很快便不胜其烦，跑到县城里她儿子家躲起来了。姑姑确实是我写《蛙》时的模特，但小说中的姑姑，与现实生活中的姑姑有着天壤之别。

　　小说中的姑姑专横跋扈，有时简直像个女匪，现实中的姑姑和善开朗，是一个标准的贤妻良母，现实中的姑姑晚年生活幸福美满，小说中的姑姑到了晚年却因为心灵的巨大痛苦患上了失眠症，身披黑袍，像个幽灵一样在暗夜中游荡。我感谢姑姑的宽容，她没有因为我在小说中把她写成那样而生气，我也十分敬佩我姑姑的明智，她正确地理解了小说中人物与现实中人物的复杂关系。

母亲去世后,我悲痛万分,决定写一部书献给她,这就是那本《丰乳肥臀》。因为胸有成竹,因为情感充盈,仅用了83天,我便写出了这部长达50万字的小说的初稿。

我获得诺贝尔文学奖后,引发了一些争议。起初,我还以为大家争议的对象是我,渐渐地,我感到这个被争议的对象,是一个与我毫不相关的人。我如同一个看戏人,看着众人的表演。我看到那个得奖人身上落满了花朵,也被掷上了石块,泼上了污水,我生怕他被打垮,但他微笑着从花朵和石块中钻出来,擦干净身上的脏水,坦然地站在一边,对着众人说。

对一个作家来说,最好的说话方式是写作。我该说的话都写进了我的作品里,用嘴说出的话随风而散,用笔写出的话永不磨灭。我希望你们能耐心地读一下我的书。

即便你们读了我的书,我也不期望你们能改变我的看法,世界上还没有一个作家,能让所有的读者都喜欢他。在当今这样的时代里,更是如此。

尽管我什么都不想说,但在今天这样的场合我必须说话,那我就简单地再说几句。

我是一个讲故事的人,我还是要给你们讲故事。

请允许我讲最后一个故事,这是许多年前我爷爷讲给我听过的:有8个外出打工的泥瓦匠,为避一场暴风雨,躲进了一座破庙,外边的雷声一阵紧似一阵,一个个的火球,在庙门外滚来滚去,空中似乎还有吱吱的龙叫声,众人都胆战心惊,面如土色,有一个人说:"我们8个人中,必定一个人干过伤天害理的坏事,谁干过坏事,就自己走出庙接受惩罚吧,免得让好人受到牵连。"自然没有人愿意出去,又有人提议道:"既然大家都不想出去,那我们就将自己的草帽往外抛吧,谁的草帽被刮出庙门,就说明谁干了坏事,那就请他出去接受惩罚。"于是大家就将自己的草帽往庙门外抛,7个人的草帽被刮回了庙内,只有一个人的草帽被卷了出去,大家就催这个人出去受罚,他自然不愿出去,众人便将他抬起来扔出了庙门,故事的结局我估计大家都猜到了,那个人刚被扔出庙门,那座破庙轰然坍塌。

我是一个讲故事的人。因为讲故事我获得了诺贝尔文学奖。

我获奖后发生了很多精彩的故事,这些故事让我坚信真理和正义是存在的。

今后的岁月里,我将继续讲我的故事。

谢谢大家!

通过对几百例演讲的研究,我们发现最能给人留下深刻印象的演讲者都使用了同样的技巧——他们都是很棒的故事讲述者。

三、极具鼓动性

演讲之所以最容易激发听众的情感,使听众的思想为之震动,精神为之感奋,情绪为之激昂,热血为之沸腾,就在于演讲内容的鼓动性。有无鼓动性,是检验一次演讲成功与否的重要标志。中外演讲史都告诉人们:成功的演讲必须能够扣动听众的心弦,激发听众的情感,从而影响其态度和行动。

最后一次演讲

闻一多

这几天，大家晓得，在昆明出现了历史上最卑劣最无耻的事情！李先生究竟犯了什么罪，竟遭此毒手？他只不过用笔写写文章，用嘴说说话，而他所写的，所说的，都无非是一个没有失掉良心的中国人的话！大家都有一支笔，有一张嘴，有什么理由拿出来讲啊！有事实拿出来说啊！为什么要打要杀，而且又不敢光明正大地来打来杀，而偷偷摸摸地来暗杀！这成什么话？

今天，这里有没有特务？你站出来！是好汉的站出来！你出来讲！凭什么要杀死李先生？杀死了人，又不敢承认，还要诬蔑人，说什么"桃色事件"，说什么共产党杀共产党，无耻啊！无耻啊！这是某集团的无耻，恰是李先生的光荣！李先生在昆明被暗杀，是李先生留给昆明的光荣！也是昆明人的光荣！

去年"一二·一"昆明青年学生为了反对内战，遭受屠杀，那算是青年的一代献出了他们最宝贵的生命！现在李先生为了争取民主和平而遭受了反动派的暗杀，我们骄傲一点说，这算是像我这样大年纪的一代，我们的老战友，献出了最宝贵的生命！这两桩事发生在昆明，这算是昆明无限的光荣！

反动派暗杀李先生的消息传出以后，大家听了都悲愤痛恨。我心里想，这些无耻的东西，不知他们是怎么想法，他们的心理是什么状态，他们的心怎样长的！其实简单，他们这样疯狂地来制造恐怖，正是他们自己在慌啊！在害怕啊！所以他们制造恐怖，其实是他们自己在恐怖啊！

特务们，你们想想，你们还有几天？你们完了，快完了！你们以为打伤几个，杀死几个就可以了事，就可以把人民吓倒了吗？其实广大的人民是打不尽的，杀不完的！要是这样可以的话，世界上早没有人了。

你们杀死一个李公朴，会有千百万个李公朴站起来！你们将失去千百万的人民！你们看着我们人少，没有力量？告诉你们，我们的力量大得很，强得很！看今天来的这些人都是我们的人，都是我们的力量！此外还有广大的市民！我们有这个信心：人民的力量是要胜利的，真理是永远是要胜利的，真理是永远存在的。

历史上没有一个反人民的势力不被人民毁灭的！希特勒、墨索里尼不都在人民之前倒下去了吗？翻开历史看看，你们还站得住几天！你们完了，快完了！我们的光明就要出现了。我们看，光明就在我们眼前，而现在正是黎明之前那个最黑暗的时候。我们有力量打破这个黑暗，争到光明！我们光明，恰是反动派的末日！

现在司徒雷登出任美驻华大使，司徒雷登是中国人民的朋友，是教育家，他生长在中国，受的美国教育。他住在中国的时间比住在美国的时间长，他就如一个中国的留学生一样，从前在北平时，也常见面。他是一位和蔼可亲的学者，是真正知道中国人民的要求的，这不是说司徒雷登有三头六臂，能替中国人民解决一切，而是说美国人民的舆论抬头，美国才有这转变。

李先生的血不会白流的！李先生赔上了这条性命，我们要换来一个代价。"一二·一"四烈士倒下了，年轻的战士们的血换来了政治协商会议的召开；现在李先生倒下了，他的血要换取政协会议的重开！我们有这个信心！

"一二·一"是昆明的光荣，是云南人民的光荣。云南有光荣的历史，远的如护国，这不用说了，近的如"一二·一"，都属于云南人民的。我们要发扬云南光荣的历史！

反动派挑拨离间，卑鄙无耻，你们看见联大走了，学生放暑假了，便以为我们没有力量了吗？特务们！你们看见今天到会的一千多青年，又握起手来了，我们昆明的青年绝不会让你们这样蛮横下去的！

反动派，你看见一个倒下去，可也看得见千百个继起的！

正义是杀不完的，因为真理永远存在！

历史赋予昆明的任务是争取民主和平，我们昆明的青年必须完成这个任务！

我们不怕死，我们有牺牲的精神！我们随时像李先生一样，前脚跨出大门，后脚就不准备再跨进大门！

演讲的鼓动性特点，要求演讲要有激情，要有气势。要有怦然心动、按捺不住、一吐为快、一泻千里的激情，要有万马奔腾、山陵崩裂、巨浪排空、雷霆万钧的气势。

这种激情的产生和气势的营造，指演讲者运用语言、声音、手势所造出的宏阔、壮观、强大的情绪和意志氛围。《易经》中说的"鼓天下之动者存乎辞"，刘勰在《文心雕龙》中说的"一人之辩，重于九鼎之宝；三寸之舌，强于百万之师"等，都是强调演讲内容的鼓动效果。

这是一次非常成功的演讲！是一篇激励的战斗檄文！是一个换起人民觉醒的施号令，同时也是爱国民主人士的战斗宣言！

这篇演讲还运用了丰富的语言表现手法。

1. 感叹句的运用

闻一多先生的这次演讲最大的一个特色是多用感叹句。用感叹句表达强烈的感情，是对反动派的无耻和卑劣行径的怒不可遏的血泪控诉，是对李先生殉难的悲痛和对李先生爱国主义精神的高度赞扬，是情感的喷发，是心灵的怒吼。感叹语句，短促而有力，表达效果强烈。

2. 反诘句的运用

"你们看着我们人少，没有力量？告诉你们，我们的力量大得很，强得很！""希特勒、墨索里尼不都在人民之前倒下去了吗？"运用反诘句，加强了肯定的语气，使感情表达更强烈、更震撼人心。

文本的结语写得铿锵有力。古人写文章都讲究"凤头，猪肚，豹尾"，所以，一般来说，好的文章必然会有好的开始和好的结局。闻一多先生在结束语中，把主题升华到另一个高度，"我们不怕死，我们有牺牲的精神！我们随时像李先生一样，前脚跨出大门，后脚就不准备再跨进大门！"，以发出号令的形式向敌人发出一战到底的挑战，也在向世人宣告，不仅他闻一多，还有千千万万的中国人将会站立起来，与反动派决一雌雄，同时表达了广大人民抗争到底的决心和信心。

综观全场演讲,可谓感情强烈,到了激昂之处,其感情以肢体语言进行表达和发泄——捶击桌子(这是无声语言表达的一种方式,这是一种情感愤怒到极点的声音),可以说,闻一多先生说的每一个字、每一句话都在表达一种感情,一种思想。而且语言简洁明了,通俗易懂,多用口语,但又没有使演讲流于空乏、显得累赘。

四、 整体协调性

公众演讲是由多要素构成的复杂系统。其主要要素有演讲者、听讲者、演讲内容、演讲声音、演讲态势、演讲时境等。

这些要素自成一体,实际上又都构成了公众演讲这个大系统中的若干子系统:演讲者和听讲者同为公众演讲活动的行为主体,可称为主体系统;演讲内容主要是指观点和材料,可称为内容系统;演讲声音主要包括声音的洪亮度、清晰度、节奏感和语意本身的适合性,可称为声音系统;演讲态势主要是指演讲者的姿态、手势、面部表情等,可称为态势系统;演讲时境主要包括时间、地点、气氛等,可称为时境系统。公众演讲就是这样一种由若干子系统组成的复杂的大系统。

公众演讲能够作为一种系统存在,其所依赖的基础就是它的整体协调性。也就是说,构成它的各个要素之间不是彼此隔绝、互不相干的,而是既相互独立又相互统一,使之以有机整体的面目出现的。

说它们是相互独立的,是因为各要素有着各自不同的特点和规律,起各自不同的作用,可以相对孤立地存在和发展;说它们是相互统一的,是因为各要素不是纯粹孤立的东西,而是作为整个公众演讲活动的一个方面、一个领域出现的,如果脱离了公众演讲的有机整体,它们也就失去了作为一个方面、一个领域的特殊地位和作用。

这就是说,各个要素只有相互联系、相互作用、相互配合才能使之构成一个和谐整体。

不同类型、不同内容的演讲稿,其结构方式也各不相同,但结构的基本形态都是由开头、主体、结尾3部分构成。各部分的具体要求如下。

1. 开头要先声夺人,富有吸引力

演讲稿的开头,也叫开场白,在全篇中占据重要的地位。

开头的方式主要有以下几种。

(1) 开门见山,亮出主旨。

这种开头不绕弯子,直奔主题,开宗明义地提出自己的观点。

如1941年李卜克内西《在德国国会上反对军事拨款的声明》开头就说:"我投票反对这项提案,理由如下:……"

(2) 叙述事实,介绍背景。

比如,恩格斯《在马克思墓前的讲话》的开头:"三月十四日两点三刻,当代最伟大的思想家停止了思想……他已经永远地睡着了。"

(3)提出问题,发人深思。

通过提问,引导听众思考一个问题,并由此造成一个悬念,引起听众欲知答案的期待。

如曲啸的《人生·理想·追求》就是这样开头的:"一个人应该怎样对待自己青春的时光呢?我想在这里同大家谈谈我的情况。"

(4)引用警句,引出下文。

引用内涵深刻、发人深省的警句,引出下面的内容来。

如一个大学生的演讲稿标题叫《我的思考与奋起》,此文开头就很精彩:"一个人如果一辈子都不曾混乱过,那么他从来就没有思考过。"

开头的方法还有一些,不再一一列举。总之无论采用什么形式的开头,都要做到先声夺人,富于吸引力。

2. 主体部分要层层展开,步步推向高潮

演讲稿的主体要层层展开,步步推向高潮。所谓高潮,即演讲中最精彩、最激动人心的段落。在主体部分的行文上,要在理论上一步步说服听众;在内容上一步步吸引听众;在感情上一步步感染听众。要精心安排结构层次,层层深入,环环相扣,水到渠成地推向高潮。

主体部分展开的方式有以下3种。

(1)并列式。

并列式是围绕演讲稿的中心论点,从不同角度、不同侧面进行表现,其结构形态呈放射状四面展开,宛若车轮之轴与其辐条。而每一侧面都直接面向中心论点,证明中心论点。

(2)递进式。

递进式即从表面、浅层入手,采取步步深入、层层推进的方法,最终揭示深刻的主题,犹如层层剥笋。用这种方法安排演讲稿的结构层次,能使事物得到由表及里的深入阐述和证明。

(3)并列递进结合式。

这种结构或是在并列中包含递进,或是在递进中包含并列。一些纵横捭阖、气势雄伟的演讲稿常采用这种方式。

3.结尾要干脆利落,耐人寻味

结尾给听众的印象,往往将代表整个演讲给听众的印象。好的结尾应收拢全篇,卒章显其志,干脆利落,简洁有力,切忌画蛇添足,节外生枝。

演讲稿的结尾没有固定的格式,或对整个演讲全文要点进行简单小结,或以号召性、鼓动性的话收尾,或者以诗文名言以及幽默俏皮的话结尾。但一般原则是要给听众留下深刻的印象。

结尾的结构或归纳,或升华,或希望,或号召。

结束语通常有以下几种方式。

(1) 总结式。在演讲要结束的时候把演讲的要点和意图简明扼要地加以概括总结,并做出结论。这种结尾方式能使听众概念明确、印象完整、答案清楚。

(2) 祈使式。在演讲的最后,演讲者针对当时的某种情况向听众提出希望、发出号召、表示意愿等。

(3) 引言式。引用他人的格言、警句、谚语、诗句来结束演讲。这种结尾方式也可以起到深化主题的作用。

(4) 幽默式。用幽默诙谐的手法来结束演讲。这种结尾方式能使听众在轻松愉快的笑声中受到深刻的教育。

五、口语性

口语性是演讲稿区别于其他书面表达文章和会议文书的重要方面,它有较多的即兴发挥,为此,演讲稿必须讲究"上口"和"入耳"。所谓"上口",就是讲起来通达流利。所谓"入耳",就是听起来非常顺畅,没有什么语言障碍,不会产生曲解。

演讲稿的"口语",不是日常的口头语言的复制,而是经过加工提炼的口头语言,要逻辑严密,语句通顺。由于演讲稿的语言是作者写出来的,受书面语言的束缚较大,因此,就要冲破这种束缚,使演讲稿的语言口语化。

 案例

你生来就是冠军

大学毕业这么久了,许多事情都淡忘了,唯有一位专家到学校的演讲至今令我记忆犹新。为了对大学生进行性教育,学校的心理咨询中心特意请来一位性病防治中心的专家给我们讲课。

专家是一名非常风趣的老先生,他摊开演讲稿,然后拿出三幅图解挂在讲台前。一幅是男性生殖器图,一幅是女性生殖器图,还有一幅是受精卵形成图。同学们顿时鸦雀无声,这是我们第一次这么直白地面对这些东西,每个人都十分严肃。

老先生并不理会同学们的惊异,而是提了一个问题作为他演讲的开场白:"大家知道吗？你生来就是要做冠军的。"尔后，老先生指着挂图道："今天主要讲第三个图解，这是我讲的重点，要知道你们来到人世间是多么不容易。"

"你知道吗？你是一个很特殊的人，为了生下你，许多战斗发生了，这些战斗又必须以成功告终。想想吧，成千上万甚至上亿的精子参加了那次战斗，然而其中只有一个赢得了胜利，就是构成你的那一个。这是为了达到一个目标而进行的大规模的战斗，这个目标就是结合一个宝贵的卵，你的生命决定性的战斗就是在这样的微型战场上进行的。"

这时，很多低着头的女生抬起了头，对老先生的讲解充满了赞同。老先生接着说："所以你能来到这个世界，你就已经是一名冠军了。"台下的同学以热烈的掌声回应了老先生。

老先生接着讲道："你现在已经进入大学，相当于一只脚已经跨进社会的大门，以后你会遇到很多障碍和困难，但是你要记住你生来就是一名冠军了，现在无论有什么障碍和困难挡在你成长的道路上，它们都不到你在成胎时所克服的障碍和困难的十分之一那么大。"

点评：

这不是一般的演讲，分明是一场激励人生的精彩演说。专家的演讲语言生动、形象、口语话，巧妙避开了一些医学方面的术语，成功地讲明了一般人无法解释的科学道理，同时，让处在青春期的少男少女们懂得了人生的不易。

为了做到演讲口语化这一点，写作演讲稿时，应把长句改成短句，把倒装句换成正装句，把单音词换成双音词，把生僻的词换成常用的词，把听不明白的文言词语、成语改换或删去。演讲稿写完后，要念一念，听一听，看看是不是"上口""入耳"，如果不那么"上口""入耳"，就需要进一步修改。这样，才能保证讲起来朗朗上口，听起来清楚明白。

六、临场性

演讲是口语表达中最高级、最完善、最有审美价值的一种形式。但实现这种有价值的形式却不是一件简单的事，演讲活动是演讲者与听众面对面的一种交流和沟通。听众会对演讲内容及时做出反应：或表示赞同，或表示反对，或饶有兴趣，或无动于衷。

演讲者对听众的各种反应不能置之不理，因此，写演讲稿时，要充分考虑它的临场性，在保证内容完整的前提下，要注意留有伸缩的余地。要充分考虑演讲时可能出现的种种问题，以及应付各种情况的对策。总之，演讲稿要具有弹性，要体现出必要的控场技巧。

案例

袁鸣机敏补漏

著名节目主持人袁鸣就曾经巧用过这种方法，1996 年 9 月 28 日晚 8 点，海南省狮子楼京剧团举行建团庆典，为此他们特约袁鸣当主持人。当时袁鸣刚随"东西南北中"节目组来海口，对新建的京剧团一无所知。

利用吃饭的时间，她边吃饭边阅读主持人送来的有关材料，对情况有了一些了解。她凭借娴熟的主持技巧,用充满激情的语言成功介绍了京剧、介绍了剧团。毕竟是时间太紧,情况也太陌生了,介绍完京剧剧团之后,在介绍来宾时,她"马失前蹄"了。

她在介绍来宾的时候,首先说:"光临庆典的有中共海南省委宣传部部长刘学斌先生",袁鸣圆润清亮的声音刚落,刘学斌部长就站了起来,大家热烈鼓掌,袁鸣继续介绍:"光临庆典的还有海南师范学院的党委书记南新燕小姐",随着袁鸣的介绍,一位花白头发的老先生从座席上慢腾腾地站了起来。

见此情形,观众是哄堂大笑,袁鸣知道自己错了,也不自然地笑了起来。她真诚地向观众道歉,借错发挥,将她的错误弥补得天衣无缝。"对不起,我是望文生义了,不过,南先生的名字实在是太有诗意了。我一见这3个字,立即想起了两句古诗:'旧时王谢堂前燕,飞入寻常百姓家。'这是一幅多么美的图画,今天这里出现了类似的情境,京剧一度是流行在北方的戏曲,而现在京剧从北到南,跨过琼州海峡,飞到了海南,而且安家落户,这又是一幅多么美妙的图画啊。"她的话音刚落,观众就爆发出热烈的掌声。

演讲中能随机应变,把控好场面,不仅需要演讲者有渊博的知识,还需要掌握各种艺术手法。除此之外,更要了解一点应变技巧来避免演讲中可能遇到的麻烦。所谓应变技巧,就是应付意外变化的技巧,一般来说意外变化有以下几种。

(一) 忘却

忘却的情形往往是发生在脱稿演讲当中,指演讲者讲着讲着思维的链条就突然断了,不知道讲什么,想不起下面应该讲什么。如果遇到这种情况,可以用下面两种方法衔接。

(1)插话衔接。比如,可以问现场的听众:"不知道我前面讲的是否清楚?"趁着问话的间隙时间再回忆接下来要演讲的内容,这种方式效果是很好的。

(2)重复衔接。重复衔接就是在演讲者忘却的时候把最后讲的那句话加重语气再重复一遍。这样也能把断了的思维链条重新衔接起来。

(二) 失误

失误就是讲错话,比方说张冠李戴,讲错了词句数字、年代等。那么要是发生了这种情况可以用两种方法弥补。

(1)重复纠正。重复纠正就是发现自己讲错了话之后在适当的时期内,加重语气再重复一遍算是纠正。

(2)借"错"发挥。口语的定型决定了演讲中出现错不能消除,只能更正或者是纠正。但有的时候,更正和纠正都很困难,那么碰到这种情况演讲者怎么办呢?只能是束手无策吗?不能,演讲者应该借"错"发挥来弥补错误。以上袁鸣的恰当处理就是非常好的例子。

(三) 听众不合作

有时候演讲会出现吵闹、喧哗、起哄、叫喊等不文明的现象,这时要根据情况酌情处理,一般有两种方法。

(1)自我省查。有时候听众不合作是演讲者本人所造成的,如演讲中出现失误、演讲时盛气凌人、语言枯燥无味。作为演讲者来说,应该自我省查及时改正。

（2）寓讽刺于幽默中。把现场不文明的现象融入幽默话语中进行善意寓讽，以达到规劝目的。

 案例

美国前总统威尔森在竞选演说的时候，他就与那些肆意捣乱者打过交道。那天威尔森的演讲刚刚进行到一半，他的反对派就在会场上大喊："狗屎，垃圾。"显然那些捣乱者的意思是说威尔森的演讲一钱不值就像狗屎、垃圾一样，是臭不可闻的，叫他马上住口滚蛋。

威尔森是非常明白这一点的，但是他一点儿也不恼怒，因为他知道，此时他的恼怒肯定要惹恼在场的听众，他的竞选演讲恐怕是要失败的。就见他面带微笑对这位喊叫的人说："这位先生，我马上要谈到你提出的脏乱问题了。"捣乱者一听这话，就像泄了气的皮球哑口无言，观众报以热烈的掌声。

（四）碰到突发情况

意外情况尽管意外，但总是可以事先考虑到的。可是有些意外却是你很难预料到的，假如碰到这种突发的情况，演讲者应该借题发挥，变被动为主动。

 案例

某单位举办歌咏比赛，赛前单位的一位领导应约前来作讲话。这位领导随着掌声走上了讲台，不小心被话筒线绊倒了，台下的观众哈哈大笑。混乱当中就见这位领导从容地爬了起来，不慌不忙地走到话筒前，微笑着对台下的观众说："同志们，刚才我被大家的热情倾倒了，谢谢。"说完他便若无其事地开始了演讲。

（五）反应冷漠

演讲时最怕出现演讲者在台上滔滔不绝地讲，听众在台下哈欠连天、交头接耳，甚至看报纸、织毛衣，这样的演讲是失败的。发生这种情况，演讲者千万不可一意孤行地讲下去，而是应该查找原因，根据具体情况采取应急措施。

造成听众反应冷漠的原因一般有3种。

（1）演讲的内容不是听众关心的话题；

（2）演讲内容过于庞杂，降低了听众的注意力；

（3）演讲者的方音过重、口齿不清，听众无法准确领会。

演讲者一定要根据自身存在的问题，通过调整内容、转换话题、压缩演讲时间、插入一些故事等方法来调动听众的情绪。

第二节　明确目的、突出主题

一、突出主题

主题是演讲的灵魂。如何在演讲中有效地突出主题，有以下几种方法。

1. 开宗明义

演讲稿应开门见山、直截了当地揭示主题，使听众一听就明白演讲的主旨，进而全面理解其思想内容。

 案例

刘翔在奥运成果报告会上的演讲《中国有我，亚洲有我》的开头："我从来都不认为自己今天的成功仅仅是个人的荣耀，北京时间 2004 年 8 月 28 日凌晨那 12 秒 91，毫无疑问将成为我生命中为之自豪的瞬间，但我更愿意把那一刻的辉煌献给我亲爱的祖国，献给全亚洲。"

这篇演讲，开篇入题：今天的成功不仅仅属于个人，而更属于集体，属于祖国。因为体育比赛不光是竞技水平的较量，更是一个国家综合国力的晴雨表和民族精神的载体。国运兴，体育盛。因此，刘翔能在骄人的成绩中，保持清醒的自我认知，拳拳之心，历历可见。

2. 收篇点题

演讲结束时，用凝练的语言，进行画龙点睛的归纳，点明或深化主题，这就是白居易极力推崇的"卒章显其志"的方法。这种方法能突出演讲的主题，给听众留下深刻的印象。

案例

《一个青年军人的思考》的结尾："世上没有靠编织谎言而成名的诗人，也绝没有靠纸上谈兵而赢得胜利的将军，而只有靠自身的素质、实力和价值，靠学、靠干、靠拼才能真正成为强者。一个国家，也只有自强才能跻身于世界强国之林。"

演讲者从一个农民出身的军人靠自己的努力拼搏，最后在人才竞争激烈的社会中脱颖而出，成为一家著名报社记者的生动事迹，悟出这样一个道理：一个人只有自强不息才能在强者如林的社会中立足，而一个国家也只有自强才能跻身于世界强国之林。听众能从这有独特见地的结束语中，悟出深意，获得启迪。

3. 片言居要

用精练的文字放在文章的关节处、要害处，能够起到画龙点睛、警策全篇的作用。采用这种方法，能使主题表现得格外清晰明朗。

案例

例如,以歌颂"非典"英雄事迹为主题的演讲《用生命践约》,在叙述完四川医院传染科全体医护人员没有一个在困难调查表上填写困难以后,作者加上这样一句话:"明知凶险却达观,这是一种坚忍的力量,一种无畏的美丽。"

这句议论,揭示了医护人员的无畏精神和高尚人格,既使前面叙述的事实得以强化和升华,又明确地点明了主题。

4.反复申说

演讲中,为了让听众彻底了解演讲的主旨,有必要对自己的观点反复进行申说与解释。中外许多著名的演说家,都曾采用这种方法来突出演讲的主题。

案例

例如马丁·路德金的著名演说词《我有一个梦想》:

"我梦想有一天,这个国家会站立起来,真正实现其信条的真谛……

我梦想有一天……

我梦想有一天,我的四个孩子将在一个不是以他们的肤色,而是以他们的品格优劣来评价他们的国度里生活。"

演讲者应用一连串的排比句反复申说,表达了他反对种族歧视,要求自由、平等的呼声,给听众带来了强烈的心灵震撼。

5.正反对比

想要透彻的说明一个观点,单从一个角度去论证是不够的,运用正反对比法,可使主题鲜明突出,请看下面这篇演讲。

案例

美国有两个繁衍了8代人的家庭。一个是爱德华家庭,其始祖爱德华是一位治学严谨,成就卓著的哲学家。他不仅本人勤奋好学,而且以良好的德行培养后代,他的8代子孙中,出了13位大学校长、100多位教授、60多位医生、80多位文学家、20多位议员、1位大使、1位副总统。另一个家庭的始祖叫珠克,是臭名昭著的酒鬼、赌徒,无法无天。他的后代中有300多个叫花子、7个杀人犯、60多个盗窃犯,还有40多人死于伤残或酗酒。

血统论是错误的,但家教能导致不同的结果。在这篇反对种族歧视的演讲中,演讲者为了证明种族歧视的荒谬,建立起"家教的作用大于血统的遗传"这一判断,然后以正反两方面的事实加以论证,取得了很好的效果。

二、获取观众信任

 案例

恽代英：怎样才是好人

人人都说他要做好人,有些人居然已经被人家认为是好人了。

学校的操行分数列甲等,而且特别的颁发过操行奖状,这不十足地证明了他成为一个好人吗?

但若把这种事证明自己是好人,终未免太可笑了。

流俗的所谓好人,只是不杀人不放火。他虽然没有大的好处,但是谦慎和平,却很不惹人家嫌怨,人家亦找不出他的大错来。

学校所谓操行好的学生,更只是不犯校规,不麻烦农事的教职员。这样,教职员便自然要觉得他驯良而可爱了。

无论有许多所谓不犯校规的学生,他在校规以外或者教职员严格监视的范围以外,不免仍要做许多虚伪不正当的事情,便令他能完全不做这些事情,他那种盲目地、被动地服从校规与教职员,根本原谈不上《道德的价值》的一类话。

校规与教职员的命令,我们应当有一番判断,然后去服从他。我们亦不一定完全是服从,若是有不合理而应当反抗的地方,我们量自己的能力,有时候亦可以反抗。即使事实不能反抗,我们亦只是忍辱而屈服,不一定都是像乖顺地儿子一样地去服从他。

孟子说:"以顺为正者,妾妇道也。"现在学校里最提倡这一类妾妇之道。别的职业界亦很有些这种情形。但是妾妇之道,终是妾妇之道,不能因有合于这一道,遂自命为好人。

至于流俗所谓好人,正如孔子孟子所说的乡愿。孔子会说:"乡愿德之贼也。"我们要拿这个"贼"的言语行动,来与今日一般流俗所谓好人相比,最好请注意孟子所描写的。

孟子说:"非之无举也,刺之无刺也。同乎流俗,合乎污世。居之似忠信,行之似廉洁。众者悦之,自以为是,而不可与入尧舜之道,是乡愿也。"你看过几句话,活显出一个好好先生的"贼"样子来。

便是孔子不得中行而与之,亦只赞成进取的狂者,有所不为的狷者。他从来不肯饶恕那些混世虫的乡愿先生。活活的一班乡愿先生,偏要说他们是好人,他们自己亦相信是好人,大概这正是孟子所说"众皆悦之,自以为是"八个字的好注脚罢!

然则怎样才是好人呢?

第一,好人是有操守的。好人不因为许多人都做坏事,他亦做坏事。好人亦不因为许多人都不做好事,他亦不做好事。好人是自动地选他应做的事情。他不是刚愎专断,但是他绝不因为人家的讥笑诮骂,而无理由地改变他的行为。他看父兄师长,都只是一个人,至多是一个应当受他尊敬的人。但他绝不能做他们的奴隶。他不能把他的行为,完全受他们盲目地或者谬误地支配,以丧失了他独立自主的人格。

第二,好人是有作为的。好人若是没有作为,他的好有什么用处?好人不是我们的玩具,不是我们拿来炫耀的装饰品。而且在今天复杂而不良的经济组织之下,一个只配做玩具装饰品的好人,他结果终不能保持其为好人。因为他很容易被卖或逼到自己不能不改变节操。所以好人不是一味老实的忠厚。好人少不了有眼光、有手腕。好人能正确地应付一切的问题,然后能够保持自己的好名誉,且做得出一些好事来。

第三,好人是要能为社会谋福利的。好人要有操守,但有了操守,若只做一个与世无关的独行者,这种好人要他有何用处? 好人要有作为,但有了作为,若只拿去做一些损人利己的事情,这简直是一个坏人了。好人要有操守以站脚,能站脚然后能做事。好人要有作为以做事,能做事然后可以谈到为社会。好人的做事,要向着为社会谋福利的一个目标。好人的好,是说于社会有益,不于社会有益,怎样会称为好?

你愿意做好人吗? 做好人总要注意上面三件事。仅仅不坏的人,不能算好人。因为第一他不久要坏的。第二他这种好与社会毫无关系。

切不要把乡愿误认为好人。亦莫以为循妾妇之道? 是什么做好人的法子。要做好人,先硬起你的脊梁,多做事、多研究、多存心为社会谋福利。除了这,没有可以成好人的道理。中国要有一万个好人,便可以得救。因为一个这样的好人,很容易引导指挥几万的庸才——亲爱的读者! 你愿意加入做一万个人中间的一个好人吗?

这种演讲的主要目的是使人信赖、相信。恽代英的演讲《怎样才是好人》,不仅告知人们哪些人不是好人,也提出了3条衡量好人的标准。通过一系列的道理论述,改变了人们以往的旧观念。它的特点是观点独到、正确,论据翔实、确凿,论证合理、严密。

三、 使观众获得知识

 案例

朱光潜： 谈作文

朋友:

我们对于许多事,自己越不会做,越望朋友做得好。我生平最大憾事就是对于美术和运动都一无所长。幼时薄视艺事为小技,此时亦偶发宏愿去学习,终苦于心劳力拙,怏怏然废去。所以每遇年幼好友,就劝他趁早学一种音乐,学一项运动。

其次,我极羡慕他人做得好文章。每读到一种好作品,看见自己所久想说出而说不出的话,被他人轻轻易易地说出来了,一方面固然以作者"先获我心"为快;而另一方面也不免心怀惭作,唯其惭作,所以每遇年幼好友,也苦口劝他练习作文,虽然明明知道人家会奚落我说:"你这样起劲谈作文,你自己的文章就做得'蹩脚'!"

文章是可以练习的吗? 迷信天才的人自然嗤着鼻子这样问。但是在一切艺术里,天资和人力都不可偏废。古今许多第一流作者大半都经过刻苦的推敲揣摩的训练。法国福楼拜尝费三个月的工夫做成一句文章;莫泊桑尝登门请教,福楼拜叫他把十年辛苦成就的稿本付之一炬,从新起首学描实境。

我们读莫泊桑那样的极自然极轻巧极流利的小说,谁想到他的文字也是费工夫做出来的呢?我近来看见两段文章,觉得是青年作者应该悬为座右铭的,写在下面给你看看。

一段是从托尔斯泰的儿子Count IIya Tolstoy的所做的《回想录》(*Reminiscences*)里面译出来的,这段记载托尔斯泰著《安娜·卡列尼娜》(*Ann Karenina*)修稿时的情形。他说:"《安娜·卡列尼娜》初登俄报Vyetnik时,底页都须寄吾父亲自己校对。他起初在纸边加印刷符号如删削句读等。继而改字,继而改句,继而又大加增删,到最后,那张底页便成百孔千疮,糊涂得不可辨识。幸吾母尚能认清他的习用符号以及更改增删。她尝终夜不眠替吾父誉清改过底页。次晨,她便把他很整洁的清稿摆在桌上,预备他下来拿去付邮。吾父把这清稿又拿到书房里去看'最后一遍',到晚间这清稿又重新涂改过,比原来那张底页要更加糊涂,吾母只得再抄一遍。他很不安地向吾母道歉:'松雅吾爱,真对不起你,我又把你誉的稿子弄糟了。我再不改了。明天一定发出去。'但是明天之后又有明天。有时甚至于延迟几礼拜或几月。他总是说,'还有一处要再看一下',于是把稿子再拿去改过。再誉清一遍。有时稿子已发出了,吾父忽然想到还要改几个字,便打电报去吩咐报馆替他改。"

你看托尔斯泰对文字多么谨慎,多么不惮其烦!此外小泉八云给张伯伦教授(Prof. Chamberlain)的信也有一段很好的自白。他说:"……题目择定,我先不去运思,因为恐怕易生厌倦。我作文只是整理笔记。我不管层次,把最得意的一部分先急忙地信笔写下。写好了,便把稿子丢开,去做其他较适宜的工作。到第二天,我再把昨天所写的稿子读一遍,仔细改过,再从头至尾誉清一遍,在誉清中,新的意思自然源源而来,错误也呈现了,改正了。于是我又把它搁起,再过一天,我又修改第三遍。这一次是最重要的,结果总比原稿大有进步,可是还不能说完善。我再拿一片干净纸作最后的誉清,有时须誉两遍。经过这四五次修改以后,全篇的意思自然各归其所,而风格也就改定妥帖了。"

小泉八云以美文著名,我们读他这封信,才知道他的成功秘诀。一般人也许以为这样咬文嚼字近于迂腐。在青年心目中,这种训练尤其不合胃口。他们总以为能骑马千里不加点缀的才算好角色。这种念头不知误尽多少苍生!

在艺术田地里比在道德田地里,我们尤其要讲良心。稍有苟且,便不忠实。听说印度的甘地主办一种报纸,每逢作文之先,必斋戒静坐沉思一日夜然后动笔。我们以文字骗饭吃的人们对此能不愧死吗?

文章像其他艺术一样,"神而明之,存乎其人",精微奥妙都不可言传,所可言传的全是糟粕。不过初学作文也应该认清路径,而这种路径是不难指点的。

学文如学画,学画可临帖,又可写生。在这两条路中间,写生自然较为重要。可是临帖也不可一笔勾销,笔法和意境在初学时总须从临帖中领会。从前中国文人学文大半全用临帖法。每人总须读过几百篇或几千篇名著,揣摩呻吟,至能背诵,然后执笔为文,手腕自然纯熟。欧洲文人虽亦重读书,而近代第一流作者大半由写生入手。

莫泊桑初请教于福楼拜,福楼拜叫他描写一百个不同的面孔。若因为要描写吉卜赛野人生活,便自己去和他们同住,可是这并非说他们完全不临帖。许多第一流作者起初都经过模仿的阶段。莎士比亚起初模仿英国旧戏剧作者;布朗宁起初模仿雪莱;陀思妥耶夫斯基和许多俄国小说家都模仿雨果。我以为像一般人说法,临帖和写生都不可偏废。所谓临帖在多读书。中国现当新旧交替时代,一般青年颇苦无书可读。新作品寥寥有数,而旧书又受复古反动影响,为新文学家所不乐道。其实东烘学究之厌恶新小说和白话诗,和新文学运动者之攻击读经和念古诗文,都是偏见。

文学上只有好坏的分别,没有新旧的分别。青年们读新书已成时髦,用不着再提倡,我只劝有闲工夫有好兴致的人对于旧书也不妨去读读看。

读书只是一步预备的工夫,真正学作文,还要特别注意写生。要写生须勤做描写文和记叙文。中国国文教员们常埋怨学生们不会做议论文。我以为这并不算奇怪。中学生的理解和知识大半都很贫弱,胸中没有议论,何能做得出议论文?许多国文教员们叫学生入手就做议论文,这是没有脱去科举时代的陋习。

初学做议论文是容易走入空疏俗滥的路上去。我以为初学作文应该从描写文和记叙文入手,这两种文做好了,议论文是很容易办的。

这封信只就一时见到的几点说说。如果你想对于作文方法还要多知道一点,我劝你看看夏丏尊和刘燕宇两先生合著的《文章作法》。这本书有许多很精当的实例,对于初学是很有用的。

这是一种以传达信息、阐明事理为主要功能的演讲,它的目的在于使人知道、明白。朱光潜《给青年的十二封信》八谈作文讲了作文前的准备、文章体裁、构思、选材等,使听众明白了作文的基本知识。它的特点是知识性强,语言准确。

四、 使观众激动的演讲

 案例

要事业,也要生活

演讲人:清华大学　周怡

生活的动力是什么?是矛盾,今天我所讲的就是涉及这样一个矛盾,工科女大学生应该选择事业,还是选择生活?(作者提出热点问题与听众探讨)

有人说,在工科大学里,一切都按照男性的逻辑高速运转(笑)(当然,这有些夸张),但确实我们要和男同学一起,去征服每一条定理、每一道题,去学会规定掌握的每一种技巧,付出和男同学一样甚至更多的体力和精力,高效率的生活节奏像气锤锻打毛坯似的冲击着我们女性精细的内心世界,事业强烈的排列性像离心力一样,分离着我们生活的色彩,(议论)有位女同学的诗里这样写着:"书,士兵一样排列,永恒地占领我的清早、黄昏,主宰我的日月星辰……"

我们每天一般要学习 10 个小时,考试期间就更多了,有时累极了,真想闭上眼睛,什么都不想,什么都不干,可是难啊,真叫你一天不摸书,反倒像犯了罪一样心里特别难受。

还是那位女同学诗里说得好:"我不想埋怨,书包在我的肩上很沉很沉,因为我知道,只有沉重的跋涉,才能带来收获的沉重。"(叙述)的确,我们耕耘的是一片沉重的土地,但收获的却是一串金色的果实。从学习中,从事业里,我们感受到一种奇特的快乐,它像青橄榄一样——先苦而后甜(议论)。我们清华有这样一首歌:"我们大学生活,充满智慧的歌,那是紧张的歌,也是轻快的歌,紧张轻快一样火热……"(叙述)

你们喜欢这首歌吗?(掌声)可以看出,我们的生活是非常紧张忙碌的,使我们女生很少有时间和精力过多地顾及那些女孩子特有的乐趣。有这样一件事给我印象很深:我们宿舍一位同学的表姐来北京看望她,尽管她们从来没有见过面,但表姐从车站熙熙攘攘的人群里一下就认出了她,后来,我随口问了句:"你们是怎么认识的?"

表姐说:"那还不容易,你看街上女孩哪个像你们这样打扮?你们啊也真是……(笑)"我听完先笑了,而后想了很久,想了很多,(叙述)表姐和社会上许多人一样并不了解、更不理解我们热爱事业又热爱生活,这就使我们很矛盾。当事业和生活发生激烈冲突时,生活就被卷入了痛苦的旋涡。(议论)早几天,我接到一位女友的来信,念一段给大家听。

"我真不知如何是好了,如果说父母反对我考研究生是意料之中的事儿,那小华(她的男朋友,也是大学生)的意见则使我震惊。他来信时说,他不愿做第二个傅家杰,更不愿在不均衡的家庭里生活。在我最需要支持的时候,他却退却了。考与不考是一种简单的选择,它将决定我的生活道路。你看,我该怎么办?"(叙述)

我女友的经历是很有代表性的,这是一个现实,是几千年根深蒂固的旧时代留下的阴影!在人们眼里,好像女性成功的路就必须是一条过激的路,也就是说,必定要失去常人生活的宁静和乐趣,注定得不到众人的理解。一种无形的力量把我们推到了人生的十字路口,我们不得不选择。如果我们放弃事业,在安乐窝里消磨人生,我们就有愧于贫穷的祖国,有愧于人民的培养,我们的良心就要忍受羞愧的折磨。正是事业,它升华了我们的生活,铸造了我们的信念,萃取了人生的真谛事业的追求和奋斗,使我们失去了一些个人生活的幸福,也正是从事业中我们找到了更高层次的幸福的源泉。

自古巾帼多英雄,在人类文明史上,无数杰出的妇女为了改变自己低下的地位,进行了不屈的抗争,付出了巨大的代价。(议论)有多少妇女,为了事业的成功不得不牺牲自己生活的幸福,这样的例子还少吗?

(叙述)这是她们时代的社会制度和文明程度的残酷的裁决!今天,我们能够同男子一道分担社会的责任是来之不易的。面对历史和未来,我们丝毫不能退却,我们必须选择和献身于事业。我们生活在这样一个年代,这样一个社会里,这就使我们的事业同千百人的幸福联系在一起。事业,不再是个人奋斗的题目了,女性在事业上作无谓牺牲的时代正在结束!我们要在事业和生活之间构筑坚固的桥梁,我们这一代人的事业就是通向一个崭新时代的曲折的路。沿着我们的足迹,人们找到的不是一个事业的畸形儿,而是一个创造生活的强者,开拓事业的富翁!(议论)(掌声)

我是含着热泪看电影《人到中年》的,它带给我的,不只是短暂的感情激动,而且是长久的思想共鸣。我在想,昨天的路文婷是否像今天的我们,明天的我们是否像今天的路文婷。(议论)我们还很年轻,人生的路才刚刚起步,似乎没有资格来回答这个严峻的问题。我们面临的矛盾是几千年历史的结果,就连我们自己的思想也深深地打上了这些旧观念的烙印。我们的对手,不只是根深蒂固的旧观念和习惯势力,我们还必须同自己的软弱和不觉悟进行长期艰苦的斗争。初具科学知识的人都懂得,女性在智力上与男性相差无几。前人的经验也告诉我们,女性可以同样在事业上获得辉煌的成绩。只不过作为女性,要多付出三分汗水、五分勇气、七分毅力、十二分的艰辛。(议论、笑、掌声)我们既要事业又要生活,这就注定我们终生忙碌。(议论)

我们认了!(长时间的热烈鼓掌)

我这种忙碌的生活使我们失去的是无知和怯懦,失去的是整个社会和历史对女性的不公正;我们失去的是威胁着我们女儿、孙女儿们的黑色阴影,我们得到的将是一种崭新的生活。让怯懦的人接下去徘徊吧,让俗人们接下去议论和怜悯吧!同伴们,我们走着自己的路!弱者,你的名字不是女人!(掌声)

这篇演讲稿很符合学生的实际,它采用了夹叙夹议的写作方法开头用设问提出讲题,引起听众的思考,接着引别人的话、引学校校歌、引同学的诗、引生活事例、引女友信笺等,在每一次的娓娓叙述之后,再用激越的排比展开议论,抒发感情,使得整个一篇演讲稿妙趣横生,内容充实,做到了张弛有致,听众听了不会觉得疲倦,因为它总是牵动着听众的思维,吸引听众的眼球,让你不得不听她讲述的道理。同学们在写作中要注意各种艺术手法的使用,比如,歌曲、诗文、故事、书信等,做好夹叙夹议的叙述部分,以便更好地发表自己的观点。

五、 使观众愉快的演讲

 案例

2008年6月14日唐骏在大连理工的演讲《争取留学名额》

我那时在北京邮电上学,花了两年时间考研究生,考了全校第一,当时每个重点院校有两个名额可以保送到美国,但我却没被保上。你们知道我当时是弱势群体,没有什么权利,但我不甘心就这样,然后四处打听,打听到北京广播学院(现中国传媒大学)还有一个空的名额,我就去北广找老师,说想把学籍从北邮转到北广来。

老师说:"你为什么要转到北广来?"我说:"为了中国的传播事业,中国的传播事业太落后了,我想尽一份自己的力量。"老师说:"中国的邮电事业比广播事业还要落后,你怎么不推进邮电事业的发展呢?"

我说:"我太喜欢广播事业了,想为它献身。"那时候的老师"纯"哪,(全场爆笑)几句话就被我感动了。老师说:"好吧。"经过复杂的转学手续转到了北广,我就向老师说想出国留学,老师怀疑地说:"你是不是为了出国才转到北广的?"我说:"不是,我想出国学人家先进的技术回来武装中国的广播事业。"

你们知道,那时候的老师"纯"哪,(更爆笑)他相信了。但是他说:"申报名额已经交到教育部了,时间已经耽搁了。"我就去找教育部出国留学司司长,他说已经审批完了,现在来不及了。我那时候很失望,但我不想放弃,不想以前的努力就这么白费了。

你们知道咱们大学生是弱势群体,什么也改变不了,咱们什么都没有,但有的是时间,于是我就想了一个我能想到的办法,很简单很笨的办法:我开始去教育部"上班",上班地点是教育部门口,(台下狂笑)司长早上来上班的时候,我就迎上去说:"司长好,来上班了?"中午司长出门去对面食堂吃饭的时候,我就说:"司长吃饭啦,吃好点哈。"司长吃饭回来的时候,我就说:"司长吃完了,还有点时间,您可以午睡一会儿。"下午下班的时候我说:"司长下班了。"

就这样一天两天,司长很奇怪什么时候教育部门口多了个保安,还只给他打招呼。

你们知道,人哪,不怕被人恨,被人凶,就怕被人盯上,司长开始不得劲了。我倒无所谓,我还有4个月才毕业,这段时间我正好没地方去,就可以天天到教育部来"上班",感觉也都很气派,来教育部"上班"。(台下爆笑)

到第5天的时候,司长撑不住了,中午我照样说:"司长吃完啦,还有点时间,可以午睡一下。"司长说:"我不午睡了,你跟我上来一下。"进了司长办公室,司长问:"你干吗的?"我就说明了原因。

司长什么也没说,第6天我照样过去"上班",中午的时候又被叫进去,司长给了我一堆资料说这些你填一下,我就拿回去填。第7天,司长给了我一张纸,说:"这是你一直想要的东西,那张纸就是出国留学批准证。"(全场爆发出热烈的掌声)

大家知道吗,人们需要执着的精神,你就拿出执着的精神给他们看,世上就不怕没有办不成的事。(全场热烈的掌声)

这是一种以活跃气氛、调节情绪,使人快乐为主要功能的演讲,多以幽默、笑话或调侃为材料,它的特点是材料幽默,语言诙谐。演讲时如果幽默运用得当,就可以为你的演讲增添情趣与趣味,还可以创造和谐的气氛。

思考与练习

1. 我的中国梦。
围绕弘扬主旋律,传递正能量,写一篇励志演讲稿,字数不少于1500字。

2. 有人说:青春像一座山背负一路感伤;郭敬明也曾说:青春是道明媚的忧伤。你眼中的青春是什么样的?
请结合自身实际,写一篇演讲稿,要求观点明确,不少于1500字。

第五章　如何克服演讲时的紧张情绪

学习目标

(1) 正确认识演讲时的紧张情绪；

(2) 学会分析自己演讲时存在紧张情绪的原因；

(3) 通过训练，掌握演讲时克服紧张情绪的方法，做到自信、大方、自如地演讲。

技能要求

(1) 熟练掌握演讲语言的表达技巧，充分准备稿件，进行模拟练习，增强自信心；

(2) 调整心态，放松身心，尽快适应陌生环境，调整不良情绪；

(3) 控制语速，深呼吸，灵活应对观众的目光反馈。

第一节　正确认识演讲时的紧张情绪

很多缺乏上台演讲经验，生活中又很少有机会当众讲话的人，在面对上台演讲的任务或者参加演讲比赛时会产生紧张情绪，这也被称为"怯场"心理。

其具体表现有惧怕讲台，慌乱无措；心跳加快、血压升高、头晕目眩；浑身出汗、四肢僵硬；喉部发紧，出声困难；声音颤抖，气息不畅；声嘶力竭，语速飞快；严重的还会在演讲过程中出现忘词，大脑一片空白，怎么也想不起来自己要说什么，使演讲无法顺利完成，从而影响演讲效果；更严重的演讲者甚至说不出话、失声、腿软、充满恐惧感，还未上台就主动放弃了演讲的机会。

紧张情绪是演讲者的重大敌人，它会干扰演讲者的水平发挥和现场的情绪把控，破坏演讲的效果，令很多人头疼。那么演讲时为什么会产生紧张心理呢？演讲者应该如何认识紧张情绪？又该如何正确应对它呢？下面就来认识紧张情绪。

紧张指的是人的肉体和精神对外界事物的反应加强，是一种很常见的心理现象。就像著名演员赵本山在小品《我想有个家》中所表现的，男主角要去相亲，内心很紧张，他反复告诉自己不要紧张，结果见了对方，开口作自我介绍时却说成了"我叫不紧张"，贻笑大方。

在日常生活中的很多情境之下，比如，赶飞机、考试、比赛、面试，会见重要人物，突发意外等情况下，我们都会产生不同程度的紧张情绪。

演讲因为有它一人说多人听的特殊性，即一人表达，多人关注，产生紧张情绪在所难免。其实演讲者首先应该认识到，在演讲的时候，紧张不是个例，不是只有演讲者自己紧张，而是所有参加演讲的人都存在一定的紧张心理，就算是见过大场面的名人、身份特殊的大人物，曾经也或多或少地遭遇演讲时的紧张、"怯场"心理，要么影响了预期的演讲效果，要么导致演讲失利。

比如，著名节目主持人窦文涛，还有美国著名作家马克·吐温，他说自己在演讲时"仿佛嘴里塞满了棉花，脉搏快得像要参加赛跑的运动员"，以及印度前总理拉·甘地，在讲演时"不是在讲话，而是在尖叫"。

这些名人和大人物在当众演讲时都难免紧张，更何况我们这些不经常接触大场面的人呢。此外还应该认识到，紧张情绪不只会往坏的方面影响演讲者的演讲。相反，在演讲时有的紧张心理，还可以帮助演讲者保持积极热情的临场状态，有利于演讲者的现场发挥。

所以，演讲者一定要坦然面对和接受自己的紧张情绪，要相信：紧张心理谁都会存在，很普遍、很正常。在面对它时，演讲者不要如临大敌，过分夸大，而要轻视它，看淡它，并充分地利用它。

当众演讲太紧张，你能糗到什么地步

著名节目主持人窦文涛在电视荧屏上思维敏捷、语言犀利、诙谐幽默，伶牙俐齿，但他小时候个子矮矮瘦瘦的，性格很内向，不仅说着一口石家庄方言，还有点儿结巴，为此他甚至被哥哥冷不丁地给过一记耳光，以帮助他改变说话口吃的毛病。

窦文涛在某综艺节目中自曝了上学期间第一次登台参加演讲比赛时的出糗经历。

有一次，班主任说学校将在下个月举行演讲比赛，她希望窦文涛代表班级报名参加。从那天起，窦文涛就抓紧一切时间背诵自己的演讲稿，临近比赛时他已经可以倒背如流了。可是到了比赛那天，当稿子背到中间时，他突然忘词了，在讲台上对着全校师生沉默了足足30秒钟，这还不算，更加可怕的是——他尿裤子了，然后在讲台上拔腿就跑，逃离了现场。

这件事成为窦文涛当时的一个心理创伤，后来他就不肯上学，爸爸妈妈怎么劝他都不想去，最后还是无奈地被逼送到学校门口。在学校里他总是觉得同学在笑话他，纠结地过了好几天。后来老师说他已经背出来几段还是相当不错的，继续推荐他去参加区里的比赛。窦文涛调整了心态，这次拿到了不错的名次，后来他的心理就被调整过来了，逐渐适应了当众讲话。

第二节　紧张情绪的产生原因

紧张情绪是如何产生的呢？有哪些因素会造成演讲时的紧张心理呢？为什么有的人不会感到紧张，而有的人却极度紧张呢？有的人存在紧张情绪但仍然发挥得很精彩，有些人却紧张到说不出话呢？下面我们从演讲者个人、演讲环境、演讲准备等几个方面来分析一下紧

张情绪产生的原因。

1. 经验不足，缺乏自信心

很多演讲者由于性格内向、个性内敛；或不善言辞，有表达障碍；或生活内容比较单一，不够丰富，缺乏谈资；平时在工作和生活中沉默寡言，习惯担当听者的角色。在同事或朋友扎堆侃侃而谈，讲得眉飞色舞时，自己却总是躲在角落里附和地赔笑。

这些缺乏当众讲话经验的人，对演讲内容的选择、组织技巧、语言表达的技巧、调动谈话气氛的技巧等都比较陌生，在拿到演讲题目，需要自己长篇大论并说出条理头绪时就无所适从，不知从何谈起，因此很容易产生紧张情绪。

由于个性内向、不善表达、缺乏机会、经验不足，一些演讲者的内心严重自卑，缺乏自信，在跟别人同台竞技时就紧张得要命，在评委和观众还没有给出自己的评价时就自己先否定了自己。演讲者存在自卑心理一方面是由于中国传统文化教育中比较推崇"谦虚"的品格，提倡人们做事低调、为人谦和，不提倡人们遇事出风头，在这种思想影响下很多人的性格就比较内敛，不善于表现自己的个性。

另一方面，通常人们提倡多看到别人的长处，自己的短处。不要像骄傲的孔雀，总盯着自己的长处。所以演讲者往往会低估甚至全面否定自己的价值。当在台下交流时看到对手中有几个演讲底子不错的人时，自信心就严重不足，没了底气。

2. 能力所限，准备不充分

有些演讲者来自方言区，普通话语音不够标准；有些演讲者声音沙哑，不够集中、明亮、通畅、动听，在表达较强情感的文稿时容易破音；有些演讲者由于时间仓促或经验匮乏，服饰搭配不够得体；或稿子背得不熟练，很难做到比较清晰地记忆演讲稿的写作思路，背一段忘一段、丢三落四；或者没有对自己的演讲进行精心的设计，对上台后能否顺利进行演讲没有把握；或前一天没有休息好，精神状态欠佳。

这些演讲者或者担心自己的方言土话会遭到观众的嘲笑；或者担心自己喊破嗓音影响演讲效果；或者担心自己的舞台形象不好，在其他选手面前黯然失色；或者担心自己在讲台上忘词，想不起来要说什么。

这些由演讲者的个人能力限制或者准备不充分所造成的客观条件，会使演讲者觉得心虚，也会给他们带来紧张情绪，一旦哪句话没有讲好，哪个动作没有做好，或哪个地方忘词了，紧张心理就会加剧。

3. 环境陌生，适应力较弱

一般情况下，演讲会在报告厅里进行，这里并不是演讲者经常活动的场所，容易让他们产生陌生感。另外，会场的听众人数较多，还往往会有专家担任评委并有领导等重要人物在场观看，会场内还有比较严格的活动流程，整体气氛庄重、严肃。

舞台上还会设置生活中并不常见的灯光和话筒。在演讲进行时，舞台上往往只有演讲者一人，当话筒打开，自己的声音通过会场的音响反馈到演讲者的耳内时，会让人觉得很陌生，并产生怀疑，这是我自己的声音吗？怎么这么难听？再加上强烈的灯光照射在演讲者身上，让他成为全场关注的焦点，透过灯光看去是一张张专注聆听的面孔。

如果演讲者事先没有去熟悉会场环境，对观众的数量、会场的大小、讲台的布置、演讲的次序和流程等不了解，又对环境的适应力较弱的话，就很容易产生紧张情绪。

4. 急于求成，太在意结果

有些演讲者好胜心强，对自我要求较高，事事都要做到最好，在演讲时内心非常期待自己的表现能得到观众的认可，获得出色的现场效果。

有些演讲者要么觉得自己准备了很长时间，一定要拿最好的成绩才对得起自己和自己看重的人；要么觉得自己是学演讲相关专业（如播音主持专业）的，如果演讲效果和最终成绩却输给其他专业的选手，会很没面子；有些演讲者要么由于自己的演讲经验很丰富，获得过相关奖项，得到过知名专家的认可，在某种意义上自己也算是演讲专家了，所以这次也一定要胜利，不能输给别人。

这样强烈的得失心会分散演讲者对稿件内容的注意力，带来更大的心理压力。一旦现场的效果和观众的反馈低于自己的预期，内心就会更加紧张，从而恶性循环，给演讲者带来消极的心理影响。

第三节　如何克服紧张情绪

紧张情绪的来源很多，它会给演讲者带来很大的心理负担，影响演讲的效果。如果不能克服紧张情绪，有了一次失败的演讲经历，可能会给演讲者带来严重的心理阴影，以后会更加恐惧当众演讲，那么怎样做才能克服紧张情绪呢？

一、　做好演讲前的充分准备

做好充足的准备是远离紧张情绪的第一步。有备而来可以让演讲者心中有数，更加胸有成竹地走上讲台，面对观众进行演讲，最大限度地发挥演讲的水平，获得观众的认可。这里所说的准备既有对稿件的准备，也有心理层面的准备。

1. 稿件准备和演讲设计

（1）自己创作稿件。

演讲的内容和主题是能否吸引听众，激发听众情感共鸣的重要内容，声音再华丽，语言再流畅，所讲内容空空如也也很难打动观众的心。演讲稿的写作是准备演讲最重要的环节。前面的章节中已经比较详细地介绍了演讲稿的选题技巧和写作技巧，比如，有针对性地确定主题、选择生动的故事、充分考虑演讲内容的鼓动性、稿件整体要协调、口语性要强并可以灵活调整等，在此不再赘述。

一般认为，带有真实经历和真情实感的演讲内容更容易激发出听众的倾听热情，易于使说者和听者产生情感共鸣。所以，提倡演讲稿由演讲者自己来创作，通过记录自己的真实故事，表达朴素的真情实感去感染听众，丝毫不用担心文笔太差或文采不够，也不用担心自己选择的故事内容不够离奇惊险。

惊心动魄的奇特经历固然引人入胜，但真诚朴实的人生故事又何尝不感人肺腑呢。由演讲者亲自字斟句酌凝练而成，带着自己独特思考和个性叙事风格的演讲内容会更加吸引人、感染人，背诵起来也更容易，表达起来也更顺畅，即使在演讲过程中由于紧张而出现思维不畅现象，写作过程中的深刻思考也会使演讲者更容易联想到自己要讲的内容，使演讲更自然、流畅。所以，准备演讲稿的第一步，自己写稿件。

（2）稿件表达的准备。

演讲稿写作完毕并进一步梳理成型后，就到了稿件表达的准备阶段。通过对演讲稿进行分析、理解，可以使演讲者更好地明确演讲的目的、区分表达的层次、突出表现的重点，发挥表达的效果。要想表达出色，演讲者一定要认真、细致、全面地分析稿件。

第一，要划分演讲稿的层次，要理解清楚稿件的起承转合和各个语句、段落、部分之间的关系。看演讲稿可以归并划分成几个部分，每个部分包含几个段落；稿件的结构是总—分还是分—总，哪几个句子联系比较紧密可以连着说，哪几个句子是分别说的几层意思要适当停顿区分；段落之间的关系是递进、假设、条件、因果还是转折，后一段是对前一段的总结还是进一步展开；某个段落、某句话是要引出故事还是要对故事进行总结抒情等。

通过对稿件逻辑脉络进行分析，划分出层次，理解清楚。演讲者才能讲得清楚，讲出层次、讲出逻辑，避免稿件说得一片散沙，让人听不下去。

第二，要把握演讲稿的情感基调。情感基调指的是稿件全篇总的感情色彩和感情的分量，通俗来讲就是这篇演讲稿里面的故事和案例等要表现哪种情感，要表现的情感是积极向上的还是压抑凝重的；要慷慨激昂地表达才准确，还是深情款款地讲述才出味。进而通过演讲者的内心体验确定表达时的用声状态是力度强大、慷慨激昂还是虚实结合、轻柔大方，表情是喜上眉梢还是目光凝重等。

在准备稿件时把握稿件的情感基调可以让听众准确判断演讲者要表现的情感。如果情感基调把握错误，就会出现稿件内容和演讲者的情感表达"两张皮"的现象，要么影响演讲效果，要么当众出丑，贻笑大方。

比如，某演讲稿的内容里有"敬爱的前辈××很遗憾地离我们远去了"这样一句话，而演讲者在说这句话的时候脸上竟然挂着笑容，让听者分不清楚到底他要表现的是内心对这位长辈的悲痛不舍还是长辈的与世长辞让他很欣喜，从而造成理解模糊，心里也很不舒服。所以，演讲者在分析稿件的时候一定要认真，在表达的时候应该有自己真实情感的体验，要"走心"。

第三，要区分稿件的主次，抓住要讲的重点。好的演讲表达语言要有节奏，有变化，语言高低起伏、抑扬顿挫，变化丰富。

例如，某篇演讲稿的总体基调可能是慷慨激昂的，但肯定不会每一段都要讲得慷慨激昂，这样不但演讲者的情绪和嗓子受不了，听众在接受时也会有压力。

正确的做法是在分析稿件的时候区分开稿件的主次，抓住重点部分加以渲染、着重强调，对非重点部分则要勇敢地用低、快、弱的方法处理，这样全篇听起来就会富于变化，主次分明，重点突出，表达清晰。使听众在听感和心理上都觉得舒服。如果全篇讲得没有重点和非重点之分，从头到尾一个调，观众就会抓不着高潮，听得昏昏欲睡。

第四，要明确演讲稿的目的。任何场合的演讲和说话，都是带有一定的目的的，或者是说者要告知听者自己的思想、行动、经历；或者是说者要表达对听者的感情、态度；或者是说者要改变听者对某一事物的认知；或者是要促使听者采取说者期待的行动。

斯坦尼斯拉夫斯基说："我之所以需要这些话语，并不是为了机械式地报告台词，或者炫耀自己的嗓子和语音，而是为了工作，使听的人懂得我所说的事情的重要性，要感染你的对象，要钻进他的灵魂里去。"可见，感染观众，把自己的情感输送到他们的心里，和他们产生情感共鸣才是演讲的目的。

没有说话目的的演讲必然是无聊的，是失败的，是不能深入人心的；目的不明确的演讲，是难以发挥效果的。演讲者必须带着目的去讲，才能激发起听众的情感共鸣，进而影响他们的认知，激发起他们行动，才能最大限度地发挥演讲的功能。

（3）设计自己的演讲。

准备演讲时还要对整个演讲活动进行比较全面、细致的设计，在听觉和视觉上满足听众的审美需求。

第一，选用恰当的用声状态。饱满圆润的声音很有美感，比较容易吸引听众，愉悦听众。但是并不是每个人都天生具有圆润动听的嗓音。其实，只要你的故事够精彩，表达技巧够娴熟，没有那么动听的嗓音也没关系。但不管嗓音条件如何，我们都要结合稿件的情绪情感，选择比较恰切的用声状态，要做到用声状态放松自然、朴实大方、不捏不挤、不假不装、富于弹性，要能根据稿件情绪的变化而变化。

如比较凝重的内容，用声也应该低沉；比较激扬向上的内容，用声也应该比较铿锵有力；比较柔和的情感，用声也应该适当气多偏虚；表现坚毅的情绪，则应该多用实声，听起来有力度。

第二，对语言表达进行设计。后面的章节中会比较详细地对演讲语言表达的技巧进行阐述，这里来简单地认识一下。整个演讲进行下来，演讲者的语言不应该是平淡无奇的，而应该是有起伏、有变化的。

所以，演讲者应该根据自己对稿件内容的分析和理解，随着稿件情感的变化，在声音形式上设计稿件的停顿、连接，确定哪里是一个层次的结束，停的时间长一点；哪句话和哪句话联系比较紧密，可以连起来说；哪一段快速处理，哪一段缓慢处理。根据意思和情感表达需要找准句子中的重音，明确每个句子的语气，并逐句分析确定演讲声音形式的高低起伏、轻重缓急，通过欲扬先抑、欲抑先扬、欲停先连、欲连先停等手段予以区分对比，加强变化。在设计时，要全面把握，细致分析，反复锤炼。争取做到每一句演讲词的语言表达都是精心分析过的。

此外，演讲绝不仅仅是站在台上说话或者把稿子背完就大功告成那么简单。演讲者不但要把演讲稿的内容和道理说得清楚、明白，说得有意思、有趣味、有情感、有逻辑，还应该选择比较恰当的语言样式。

经常运用的语言样式一般有宣读式、朗诵式、播讲式、谈话式等几种。演讲语言应该区别于朗诵语言和宣读文件的语言样式，要选择比较接近日常生活语言表达"讲"和"说"的方式，就像跟观众在聊天一样，口语化程度要高，交流感要强，语言自然、流畅、活泼、生动，不拖腔甩调，也不一成不变。由于"讲"和"说"的表达样式接近日常语言表达，演讲者驾驭起来也更容易，心理负担更轻。

第三，对舞台形象进行设计。演讲不只是给观众听的，也是给观众看的。所以，演讲者也要对自己演讲时的舞台形象进行设计。

一方面是对造型服饰的设计。演讲时的化妆造型不要过于夸张、个性、非主流，应该照顾到大多数观众的审美需求和接受能力。头发要干净，避免油腻；发型要大方、庄重、干练；化妆要适度，不要过浓，也不要过淡，因为过浓有失庄重，而过淡又会在灯光照射下缺乏神采。

服装款式颜色的选择要大方、得体，应符合演讲的年龄、职业特点和演讲的主题，不应过于夸张个性，着装色彩不宜过多，一般情况下，男士穿西服套装，女士穿西装套裙不会出错，当然也可以结合演讲的主题选择其他比较大方、得体的衣服。

鞋子要合脚，颜色款式要与服装相配，女士的鞋跟不要太高，以免在台上行走不方便。饰品数量不要过多，以与服装搭配简约协调为原则。

另一方面是对体态语的设计，包括目光语、表情语、身姿语等方面。体态语的运用既有普遍要求，又因每篇演讲稿而异；目光在演讲时特别重要，演讲者可以通过目光传情达意，与观众交流，眼睛要有神，注视观众，灵活自然；表情是人内心情绪的外在流露，要根据情感的流动恰当运用表情语。

一般在舞台上行走时，演讲者要目视前方，面带微笑，下巴微收；两肩下沉，双臂自然摆动，不僵不甩；女士双脚走一条线，男士走两条线；站立时，女士站"丁"字步，男士双脚分开，幅度略窄于肩宽；在举起上肢做手势时，演讲者要动作自然，符合审美，手臂的起落都要注意，但并不需要对每句话都设计手势语和身姿语，如果他一句举左手，一句举右手，只会让观众感到眼花缭乱，也暴露他内心的紧张。我们只需在那些情感最浓烈的地方进行设计即可。

体态语的总体要求是目光亲切、大方、富于交流感；表情语亲切恰当、变化自然、贴合内容，避免夸张；身姿语挺拔大方，简约到位。

第四，辅助手段的设计。要想增强演讲的效果，有时还需要通过一些辅助手段对演讲进行整体包装。比如，事先做好与演讲内容相关的幻灯片，在演讲过程中播放或者选用恰当的背景音乐来烘托气氛，渲染感情。

如果选用了这些辅助手段，要把它们安排在演讲的合适位置，使它们与演讲者的表现有机衔接，整体和谐，不要喧宾夺主。不过这些辅助设计并不是必需的，有些演讲比赛就不允许使用这些内容。演讲者可视具体情况选择运用。

（4）反复模拟演练。

在找到了合适的用声状态，对文稿的内容如何表达进行了细致的分析，也定好了妆和上台的衣服，确定好了体态动作的出现时机和方式，做好了幻灯片，剪辑好了适宜的背景音乐之后，演讲者就需要抓紧时间进行模拟上台演讲了，可以先在家里对着镜子练习或者用录像设备把自己的演讲录下来，请几个有演讲经验的朋友通过观摩录像来找问题并提出调整修改意见。

条件具备的话最好可以到演讲的现场进行彩排练习，以便消除对环境的陌生感，找到更加放松、自如的状态。反复背诵、锤炼之后，演讲者应该已经基本上可以驾驭上台演讲了。

（5）设定危机预案。

经过反复的背诵、演练之后，演讲者一般能做到心中有数，但是这并不能保证演讲的时候不出现意外。为了保证万无一失,有效应对,演讲者还需要自己设定好几个常见的危机处理预案。

比如,自己上了台仍然紧张怎么办? 忘词怎么办? 主持人念错了自己的演讲题目怎么办? 自己准备的演讲内容和其他演讲者的内容有重复怎么办等? 事先想好处理预案,到真正出现问题时就不会紧张,按照事先设定的方法进行救场。

比如,忘词时,可以想起哪一段就先说哪一段,没必要非得一字不差地照稿子来,因为观众也没见过演讲者的稿子,调整一下次序或者把某段换个说法来讲,观众是听不出来的。总的原则是临危不惧、不慌不忙、心中有数、泰然处之。

 小贴士

背 诵 稿 子

背诵稿子对很多人来讲是很头疼的事,白纸上密密麻麻的黑字长得千奇百怪,把它们连起来讲成一篇完整的文章简直太难了。这里提供几个快速背诵稿子的小技巧。

(1) 边理解边记忆。

对稿子内容理解得越深,就越容易记忆。背诵演讲稿要尽量记意思,而不要一字不差地记原文,可以先把写好的演讲稿通读一遍,明确稿子的主旨,然后想想文稿写作的来龙去脉,尤其是起承转合部分的关联词要重点记忆,先细致分析,再宏观把握,背起来就快得多。

(2) 提纲记忆法。

"纲举而目张。"演讲稿的提纲是文稿的精髓,也体现着文稿的写作思路。在背诵时,要根据自己的写作思路顺藤摸瓜,由句到段,由段到篇,环环相扣,特别好记。

(3) 读出声更好记。

背诵是在朗读、默读的基础上熟悉文稿的结果。在理解了稿子后,可以先反复朗读几遍,然后再反复默读。这样多次进行之后,自然成诵。

(4) 听录音背诵法。

有研究表明,在背稿子时让视觉和听觉共同参与记忆,要比单用视觉或听觉效果要好得多。在背演讲稿之前,演讲者可以先用手机或其他录音设备把稿子录下来,再对着稿子来背,边听边记,双重刺激记忆神经效果很不错。

(5) 换个形式让背诵充满趣味。

稿子背了很多遍,背了很多天后,难免会让人觉得枯燥乏味。这时,可以设计一些充满趣味性的新形式,比如,找朋友和你一起,让他用手机或其他录像设备把你的演讲拍下来,然后再一起研究录像,共同挑毛病,找缺点等,这样会克服自己单独背诵的单调乏味感,取得更好的记忆效果。

2. 演讲的心理准备

经过对演讲稿的分析准备、对演讲过程的精心设计,并进行了大量的模拟演练之后,演讲者应该基本可做到心中有数了。准备充分可以增强演讲者的自信,使心里的紧张程度大

大降低,但如果不经常上台演讲,准备得再充分也难免会有一定程度的紧张心理。所以过硬的心理素质对于演讲者来说至关重要。

心理素质是人所具有的基本特征和品质,它是人们在长期社会生活中所形成的心理活动在个体身上的体现,是一个人在思想和行为上表现出的比较稳定的心理倾向、心理特点和能动性。

在演讲的过程中,演讲者往往面临陌生、多变的交流对象和演讲环境。为了消除这些外在条件对自己情绪的影响,克服自己可能产生的紧张、怯场等心理问题,充分发挥自己的演讲水平,需要对演讲者的心理素质进行相应的训练。

先来看一个小故事。

自信小故事: 握在手中的自信

一位女歌手在第一次登台演出时,心里十分紧张。一想到自己马上就要上场,面对上千名观众,她的手心都在冒汗,心里直犯嘀咕:"要是在台上忘了歌词怎么办? 多丢人啊!"她越想心跳得越快,甚至产生了打退堂鼓、放弃演出的念头。

就在这时,一位老前辈微笑着走过来,把一个小纸团塞到她的手里,轻轻地说:"这里面写着你要唱的歌词,要是你在台上忘了词,就打开看。"

女歌手握着这张纸条就像握着一根救命稻草,匆匆地上了台。手心里握着纸团,女歌手的心里踏实了许多,她在台上不但没有发挥失常,还非常出色地完成了歌唱。

她高兴地走下舞台,急忙向那位老前辈道谢。老前辈却微笑着说:"不要感谢我,要感谢你自己! 是你自己找回了自信,战胜了自己。"女歌手很茫然。老前辈接着说:"其实,我给你的是一张白纸,上面根本没有写什么歌词啊!"女歌手展开手心里的纸团,果然上面空空如也,什么也没有写。

她感到很惊讶,自己竟然凭借握住的这一张白纸,顺利地迈过了心理的坎儿,获得了演出的成功。老前辈说:"你握住的这张白纸,并不是一张普通的白纸,而是你的自信啊!"女歌手恍然大悟,她赶紧拜谢了老前辈。在以后的人生道路上,她就是凭借着握住的自信,战胜了一个个困难,取得了成功。

点评:

通过这个故事我们可以看到,其实紧张情绪往往是由于演讲者不自信造成的,而拥有了自信心,则会克服紧张情绪,比较顺利地完成表现。自信心对于人的心理和成功有重要的影响。

在讲台上,自信心更是演讲者的重要的心理支柱。它可以坚定演讲者的意志,鼓舞演讲者的士气,激励演讲者的精神,使演讲者充分发挥自己的水平。怀抱自信心,演讲者才能在上台前状态积极、精力旺盛,在演讲过程中镇定自若、克服紧张、思维敏捷、语言流利得到观众的认可。

有一位心理学家曾经做过这样的实验:当一个非常胆小、缺乏自信心的孩子,在被人有意地充分肯定和赞扬了一段时间后,他的自信心会大为增强,言谈举止变得大方,与从前判若两人。

这也说明了自信心一方面跟自己的性格和成长经历有关,但它也是可以改变的。如果你现在很不自信,不敢当众讲话也没关系,通过一定的训练,做好心理准备,你的自信心可以增强,当众演讲时再也不会紧张得说不出话。下面我们来看一下如何提升自己的自信心。

(1)给自己积极的暗示。

有心理学实验表明,由自我暗示、自我鼓励而产生的处世、学习、工作动机,即使是强装出来的,也能帮助人取得良好的成绩。因此演讲者在登台前,可以反复地给自己积极的心理暗示来鼓励自己。

比如,可以这样想:我已经准备了很长时间了,演练的时候大家很认可,这次也一定没问题;我准备的演讲内容对听众非常有用,他们一定爱听;我的演讲已经请专家指导过,一定是最符合演讲规律的,肯定没问题等。

在这样一些积极的心理暗示下,演讲者的自信心会大为增加,减弱紧张心理。同时,演讲者在上台前还要避免给自己一些消极的心理暗示,比如,不应在上台演讲前想:要是忘词了怎么办,要是听众给我的掌声不够热烈怎么办等,以免影响自己的情绪,带来紧张情绪。

上台前,演讲者还可以对着镜子对自己微笑,用积极、坚定、信任的目光看着自己,或者做一些自我激励的手势给自己加油,这些都是激发自信心,克服紧张情绪的好办法。

(2)自我放松。

除了给自己积极的心理暗示、自我鼓励之外,演讲者还应该主动卸掉心理包袱,排除杂念,自我放松,把注意力更多地放在自己要讲的内容上,而不要患得患失,过多地注意观众对自己演讲的评价和演讲的结果与效果,这样才能轻松上场,表现出色。其实,很多演讲者都是因为对观众作了过高的预估,才对自己的演讲缺乏自信。

实际上,对于所准备的演讲内容只有演讲者自己最熟悉、最了解,而听众却是第一次接触,对演讲者要讲的内容一无所知。演讲者根本没有必要去担心听众会知道你在某个地方出了问题,比如,换了某句话的说法,调换了演讲内容的次序,或者漏掉了某一段等。所以,演讲者尽可能放心大胆地去讲,就算某个地方讲错了,只要能随机应变,不动声色地及时调整,观众也是听不出来的。

这样想的话,演讲者在台上的注意力会更加集中,演讲才会更流畅洒脱,紧张情绪也就会得以控制。演讲者还可以找一个比较安静的地方,闭上眼睛,全身放松,想象一些比较美好、柔和的画面,或自己的经历中那些比较愉悦、放松的场景,想自己坐在风平浪静的海边或者坐在温暖的壁炉边等,来让自己放松,舒缓紧张情绪。

(3)适当转移注意力。

有些演讲者的紧张情绪往往并不是出现在台上演讲的过程中,而是在登台之前,尤其是临近自己上台的时候。为了缓解演讲者在台下候场时的紧张情绪,可以适当地把注意力暂时从演讲内容上移开。

可以看一下会场的环境布置或跟其他候场的演讲者进行一些轻松愉快的交流,当然要避免问对方准备什么演讲内容,准备得怎么样等与演讲相关的话题,以免加重双方的心理压力。可以跟对方聊一些与演讲无关的轻松话题，比如，趣闻、美食等，或者与其他人开几个玩笑，大笑几声，松弛紧绷的神经，心情自然放松下来。

因为经过漫长时间的准备，演讲者已经对所要演讲的内容烂熟于心了，此时仍然抓着演讲内容不放，会很不自觉地设想自己上台后的样子，生出杂念，从而加重紧张情绪，倒不如把自己的注意力转移开，轻松上阵。到自己上台时再将注意力集中到演讲内容上。

此外，在台下候场时，演讲者还往往会感到全身肌肉紧张，这样必然导致在台上行走和做动作的时候姿势僵硬，既不美观，也影响发挥。这个时候演讲者最好在台下做一些肌力均衡运动，让身体某一部分的肌肉有规律地紧张和放松，比如，可以先握紧拳头，然后再松开；也可以找个合适的地方压压腿，伸伸腰；或者睁大再紧闭眼睛，活动一下面部肌肉等。换个动作和姿势，多做几次，可以慢慢放松下来，减轻自己的身心紧张程度。

还有一些更简单实用的方法，比如，感到紧张的时候，用力地掐自己的身体一下，就能马上转移注意力。这种方式演讲者也可以进行尝试，不过别叫得太大声吓坏旁人。演讲者还可以准备一些小道具来转移注意力，比如，玩一下手里的钥匙扣，转一下钢笔等，通过这些手部的小幅度运动，也可以给心理压力寻找一条舒缓途径。

总之，任何人在紧张时，最害怕的就是无休止的静止不动，因为静止不动就意味着心理压力积压在心中，无处宣泄。所以不管是大动作、小动作，做一做，心情会好很多。

（4）上台后集中注意力。

上台后，有些演讲者仍然会感到紧张。这主要是由于注意力不集中造成的，比如，演讲者总是在想自己的表现怎么样，是不是把演练时的水平充分发挥出来了；服装发型是不是好看，有没有让观众眼前一亮。

当看到台下观众中有自己熟悉的面孔时，往往会想在他面前出丑怎么办，以后如何面对；当看到观众反馈的眼神不够积极、表情冷漠的时候，又想是不是自己讲得不好，观众不喜欢；当看到有人给自己拍照时，会想自己在照片上的形象是不是美观等，这就是所谓"走神"。走神之后再想回到演讲的思路中必定会使演讲的流畅度受影响，进一步诱发心理的紧张。

所以，在台上演讲时，演讲者要集中注意力，这时演讲者唯一要想的是当前发生的事情和环境，也就是自己准备的演讲内容和演讲思路。其他的一切想法都是杂念，要及时排除。集中注意力需要坚强的意志力，演讲者可以在台下练习时有意地练习，集中自己的注意力，比如，做腹式呼吸和听催眠音乐等，来放松身心，排除杂念。

（5）保持平常心。

除了一些重要场合的演讲，比如，政治演讲、竞选演讲等可能会影响一个人的命运外，大多数情境下发生的演讲都更多地带有展示性、欣赏性、娱乐性，仅是一种演讲者和观众之间增进交流的方式。也就是说，这些演讲的结果并不会对一个人的生存和生活带来决定性的影响，也基本不会影响一个人的职业生涯。

所以演讲者要卸下心理包袱，不要把演讲的成功与否看得太重。应以平常心去对待，只要自己顺利完成了演讲即大功告成，根本没必要非得赢得满堂彩。就算演讲失败了，没有顺利完成也是很正常的事情，很多著名的政治人物和演讲家等，比如，亿万富豪巴菲特和英国前首相丘吉尔等也都会存在这样的情况,更何况那些不经常当众演说的普通人呢。

演讲者应该发自内心地享受当众演讲的过程,不要把它当作一项任务或者一个难题,要多想想自己的长处,语音不准,声音不美还有形象不佳都不要太在意,只要自己的内容准备得很真实,对听众有用,就可以了。

（6）"漠视"观众。

英国著名的物理学家和化学家法拉第也是一名出色的演讲家。当人们问到他演讲成功的秘诀时,法拉第说:"他们（观众）一无所知。"从此,这句格言就作为法拉第的演讲秘诀流传开来。"成功学之父"卡耐基也曾分享过他的演讲秘诀:"假设听众都欠你的钱,而你是神气的债主,根本不用怕他们。"

法拉第和卡耐基的这些话并没有贬低与愚弄观众的意思,他们只是在告诉演讲者一种在舞台上建立自信心的方法,虽然带有调侃的成分,但的确能增强自信心,消除紧张情绪。

特别在意观众对自己的看法和评价是演讲者在台上紧张的原因之一,受众在台下的一些无意动作,比如,咳嗽、耳语、面无表情等都有可能让演讲者感到不自信,怀疑自己的演讲出了问题,从而心里紧张。其实最好的做法就是:"漠视"观众。这里的"漠视"观众并不是不尊重观众,对观众无礼。因为演讲归根结底还是说给观众听的,演讲的目的也是为了与观众产生情感共鸣。

"漠视"观众指的是不过高地预估观众的审美水平,尤其是针对自己所要讲的这一篇的欣赏水平。不管观众中有什么领导或者专家,最熟悉该篇演讲稿的肯定还是演讲者本人,其他人都是第一次听。

所以,演讲者要把演讲当作一个普通的交流,就像和朋友一起聊天一样,和观众分享自己的看法。要在内心积极地设想观众,觉得他们是为了听一场精彩的演讲而来,而不是带着找问题、挑毛病的心态而来,不管自己在台上表现的如何,观众都会发自内心地予以鼓励和支持,是自己忠实的支持者。

如果演讲者注意到观众表露出没有认真聆听的神态,则要想这并不是因为自己的演讲不精彩,而是由其他原因造成的,比如,他可能急着去卫生间等,并适当转移注意力到那些积极聆听自己演讲的观众身上。

（7）勇于自嘲。

在演讲中出现错误是难免的,过多地在意这些错误,会让自己心情忐忑,紧张不安。很多时候,学会自嘲,用乐观的心态来看待自己的错误,会更加赢得别人的尊重和认可。来看一个小故事。

伟大的打击手与伟大的投手

有个小男孩头戴棒球帽,手里拿着球棒和棒球,全副武装、自信满满地走到自家后院说:"我是世界上最伟大的打击手。"

他自信满满,把球往空中一扔,用力挥棒,遗憾的是他没有打中。

小男孩毫不气馁，又把球往空中一扔，大喊一声："我是最伟大的打击手。"他再次挥起球棒，可惜又落空了。

小男孩愣了半晌，仔细地将球棒和棒球检查了一番。他站了起来，又试了一次，这次他仍然告诉自己："我是最伟大的打击手。"然而他第三次尝试又失败了。

"哇哦！"小男孩突然跳了起来："原来我是最伟大的投手！"

看了这个故事，不得不为这位伟大的投手而鼓掌，不是为他精彩的投球技术，而是为他自信的态度，勇于自嘲的精神和思维方式转换的机敏。同样一件事物，我们对它的看法不同，事物反馈给我们的刺激和结果也会不同。

"人非圣贤，孰能无过"，在演讲台上也是如此，不管是多重要的领导还是多知名的演讲家，都曾经有过在讲台上犯错出糗的经历，但是他们却没有被失败吓倒，而是越挫越勇，用乐观、达观的态度看待自己的错误，一笑而过，继续积极地准备后面的演讲，只有这样，才能获得良好的心态，再后来不管面对多大的场面都能临危不惧。

 案例

国王与宰相的故事

国王与宰相在商议事情，适逢天下大雨。

国王问："宰相啊，你说下雨是好事坏事啊？"宰相说："好事啊，陛下正好可微服私访。"

又有一天，天下大旱。国王又问："宰相啊，你说大旱是好事坏事啊？"宰相说："好事啊，陛下正好可微服私访。"

又有一天，国王在吃水果时不小心切掉了小拇指，又问："宰相啊，你说这是好事坏事啊？"宰相仍然说："好事！"于是，国王大怒，把宰相关入地牢，自己独自去打猎了，结果误中土人陷阱被捉，好在因为他缺了手指不是全人，免去被吃掉的霉运。

死里逃生的国王回想起宰相的好，赶紧回宫将宰相从地牢放出来，又问宰相："我把你关在地牢里好不好啊？"宰相又答："好！好极了！要不是陛下将微臣关在地牢，微臣恐怕就陪陛下打猎被捉，被土人吃掉了！"

二、演讲时缓解紧张情绪的技巧

此外，在演讲时还有一些需要注意的问题和可以由演讲者主观控制的技巧能够有效帮助演讲者缓解演讲紧张的情绪，顺利完成演讲。

1. 控制语速

人在紧张的时候往往就会思维紧绷或思维不连贯，说话语无伦次、颠三倒四；语言速度如机关枪似的非常快，缺乏层次，显得毛躁；同时气浮声浅，呼吸困难。一旦思维短路，出现忘词现象，就算重新想起来再接上也会给人一种演讲语言卡壳，不够流畅的感觉，既影响表达内容的清晰度和美感，也影响演讲者的舞台形象。

所以,演讲者在说话时可以有意识地放慢自己的语速,不管自己在台下说话速度是快是慢,在台上都要压着节奏,用适当的语速讲话,这样一方面可以利用比较慢的语速边想边说,使思维得以连续,全篇语言衔接流畅,避免断篇卡壳。

另一方面缓慢的语速也会显得演讲者沉稳大方,就算演讲者心里紧张观众也看不出来。在平时的练习中,演讲者可以在背稿子时,让别人边听边写,把稿子记录下来,保持这样的"记录"速度说话,以利于放慢语速。

其实,语言节奏偏快是演讲者心理节奏偏快造成的,与演讲者的性格或处世风格也有关系。或者是由于他太看重结果,过于紧张;或者是由于在生活中他的做事风格就风风火火,雷厉风行。所以,在生活中放慢做事的节奏,适当培养舒适娴雅的生活态度,也可以帮助演讲者形成平和的心态,避免在台上演讲时语速过快。

2. 调整气息

人们在紧张时往往会气浮声浅,进入比较急促的浅呼吸状态。浅呼吸影响人体系统的正常循环,进一步带来生理上的不适感和紧张、焦躁、烦闷的情绪。在演讲中过浅的气息会影响思维能力和语言表达的效果。

通过调整气息做到缓慢的深呼吸,演讲者可以适当放松,缓解紧张情绪,这种方法简便有效,运用普遍。不单是演讲者,运动员、演员、主持人等,在上场前也经常通过深呼吸来舒缓自己的情绪,更好地控制自己的声音。

深呼吸具体的做法是:找一个比较安静的地方,目视前方,双脚分开与肩同宽,全身放松,双手放在腹部或者后腰处。先深深地叹一口气,随着气息的流出,找到肚脐下三指处小腹收紧的位置,也就是所谓的"丹田"。然后开始吸气,吸气时小腹仍然微收,口、鼻同时进气,像闻花香一样吸入一大片。

吸气时气息要均匀、缓慢,吸得沉一点、深一点,同时两肩不要上浮,使气息缓慢地进入肺部,感觉两肋逐渐打开,这时放在腹部的手能感觉到腹部和后腰逐渐变得鼓胀,腰带逐渐变紧,将气息吸到八分满时,开始呼气。呼气时小腹不完全放松,仍然有收着的感觉,气息流出时,感觉它就像一条带子,一头系在丹田处,一头被送出了口鼻外,呼气的同时可以稍微用点力,使自己能够感觉到腹部就像要贴着背后的脊骨一样。

呼气结束重新再吸。做深呼吸时,呼与吸的时间要基本相等,一般可以在吸气的时候数三个数,在呼气的时候再数三个数,一呼一吸在6秒钟内完成,这样反复进行多次之后,紧张情绪便会减弱、消失,演讲者全身呈放松状态。

深呼吸一方面可以给演讲者的肌体补氧,排出毒素;另一方面也可以转移演讲者的注意力,把原来放在紧张、担心上的注意力,转移到深呼吸上来,让自己放松下来。

3. 正视演讲对象

不经常上台的人往往比较害怕在台上与观众有眼神的交流,并且在跟观众进行眼神交流时很容易受观众表现的影响,比如,感觉到有观众一直在注视着自己,或者观众反馈的眼神是不够积极,或者观众在听演讲时面无表情,或者打了个哈欠,或者和其他观众耳语交流等。

这些都有可能影响演讲者的心理活动,给他带来紧张情绪,让他怀疑是不是自己的演讲很无聊，所以演讲者不是低头看地板，抬头看天花板和吊灯，就是侧身躲避观众的目光注视。

这些动作既影响演讲的效果，又显得不够礼貌得体。在演讲过程中，演讲者应正视演讲对象，这既是出于礼貌要求，也是演讲者与观众建立交流、进行互动的需要。

演讲者在台上表现时，与观众的目光对视也有一些技巧。一般情况下，在演讲时，如果演讲者扭头去注视会场里座位比较靠边的观众，会使头部动作幅度太大，不够美观。所以出于礼貌和舞台审美的要求，演讲者一般在看观众时，头部的动作幅度要小，主要注视自己正前方附近的观众。而这个位置一般是评委、领导等重要人物的座位。

长时间盯着某个人看不但自己心里会紧张，也会让被注视者感到不舒服，还会让其他观众有被冷落的感觉。所以演讲者还要适当兼顾一下正前方观众旁边的人，头部动作适当调整，避免僵硬呆板。

虽然注视交流对象的眼睛显得很尊重对方，但是长时间的注视难免会让双方感到尴尬，这时，演讲者可以适当调整注视对象面部的位置予以回避，可以由注视眼睛移动到眼睛附近的部位，如眉心、鼻子、头顶等，"虚视"观众，这样在观众看来好像演讲者仍然是在对着他们说话，有交流感。

有人曾说："当你站在台上的时候，不要把台下的观众当人，可以把他们想象成'南瓜''白菜''空气'等只会接收信息的物品，这样在看他们的时候就不会紧张。"这种说法虽有戏谑的成分，但在某种意义上也是有道理并且很有效的。当演讲者注意到台下有些观众的反馈是消极效果的时候，不要受他们的影响，可以转移目光到那些在用赞许、肯定、鼓励的目光注视自己的观众身上，从容淡定地继续完成演讲。

4. 吃吃喝喝也减压

演讲者在台下练习和台上演讲，不停地说上十几分钟或几十分钟后，难免会口干舌燥、声音嘶哑、咽喉肿痛影响声音状态，再加上会场里比较压抑、沉闷的气氛，难免诱发紧张情绪，使自己心情郁闷。

这时候喝一点水或者含一口温水在嘴里，并让它停留一两分钟再咽下去或者直接吐掉，不但可以滋润喉部，恢复嗓音，也可以通过喝水的动作转移一下注意力，放松一下口腔和舌头的肌肉，舒缓紧张情绪。

除了喝水之外，演讲者还可以在平时以及上场前喝一些舒缓神经的饮料，比如，红茶、绿茶、牛奶等，来解除因紧张、焦虑而带来的不适。所以参加演讲时要记得带水杯。

此外，香蕉中的镁元素可以帮助人消除疲劳、缓解紧张；番茄、柑橘等富含维生素 C 的水果可以平衡人的心理压力，促使人的心情变得安宁、愉快；小米粥富含人体所需的氨基酸和优质蛋白质，可以调节人体内分泌，平衡情绪，松弛神经。在平时的生活中和上台演讲之前，演讲者可以适当食用这类食物。

由于引起演讲者紧张的原因不同，所以演讲者应分析引起自己紧张的具体原因，在这些克服演讲紧张情绪的办法中，选择对应的解决办法，对症下药。

态度决定你的高度①

杨佳旻

大家好,今天我很荣幸能站在《超级演说家》的舞台上,说实话这也是我离梦想最近的一天。"佳旻你知道吗,很少有人希望和你比赛。因为你不用比,就比别人多了整整一票,他们同情于你。"这是我最好一位朋友对我的评价。而我现在想说的是,我这25年的成长,等同于从一只丑陋的蝉蛹破茧后变成一只蝴蝶的过程。这过程虽然艰辛痛苦,但它却足以证明了我存在的价值。

我是一个很爱幻想的女孩。我一直幻想着我有一个高高的身高,留着长长的辫子,穿着漂亮的裙子,和那个喜欢的他一起漫步于校园之间。可是每次照镜子的时候,现实一次又一次地打碎我的梦想。朋友们看到我,总是会这样说:"佳旻,你别干了,别干了,你的身高不行,这样你也不方便。"我知道他们为我好,可是你知道吗? 我真的不需要这般的怜悯与同情。我又奈何这一切都源于我这悲哀的身高。我不喜欢照镜子,我不喜欢出现在人多的地方,甚至不喜欢照片里的那个我。

2009年,我考进了大学,这本身是一件值得高兴和庆贺的事情。可是每次从校园的走廊经过,我总能感觉到在我背后的窃窃私语与指指点点。我开始封闭自己,每天两点一线,从宿舍走到校园,从校园走到宿舍。

直到学校举办60周年校庆的时候,老师竟然派我做代表上台发言。当时我很害怕,那毕竟是我的第一次演讲。可是当我独自一个人面对着那一千双陌生眼睛的时候,我独自一个人站在那个舞台的时候,我告诉自己:那个舞台是我的,我一定可以做到! 结果那次我终于得到了来自学校的掌声与鼓励,从此演讲成为我自信的源泉。

我重塑自信,我选择了走向社会。一次偶然的机会,我终于做了一名英语教师。可是一个连黑板都够不到的自己很害怕回头,害怕去目视那一双双陌生的眼睛,害怕我的学生不喜欢我。可是当我说完了最后一句话的时候,当我结束了那短暂的两个星期的教学以后,全班40个同学,我收到了34封感谢信。

其中有一封这样写道:杰米,谢谢你能成为我们的老师,因为你的存在,你让我们相信,我们其实能把英语学得更好,你是一本能超出任何课本的教科书。

我的故事说完了,我这25年的确经历了很多,但是我好像只做了一件事情,就是本以为用悲剧结尾的小说,我用自己的信念与力量去改变了最后的结尾。

虽然故事中的主人公的身高还是只有一米三,但是喜欢她的人不再只有她的父母亲,而是更多,更多;关心她的人,不只有她的父母亲,也有她的同学,她的老师,甚至自己。因为我相信尼克胡哲先生的一句话:"人生的最大意义是什么,就是全心全意地投入进去,去做一件事;而人生最大的目的是什么,就是做你自己。"

---

① 安徽卫视《超级演说家》第二季第六期。

　　我想告诉那些和我一样的人一句话，如果这个世界真的给你一百个理由去哭泣的时候，你就应该给世界一千个理由去微笑！谢谢！

 **思考与练习**

1. 结合本章内容，你认为自己演讲时存在紧张情绪的主要原因有哪些？
2. 针对自身产生紧张情绪的原因，你认为最有效的解决办法是什么？
3. 除了本章所列出的克服紧张情绪的技巧和方法外，你还有其他的好方法吗？

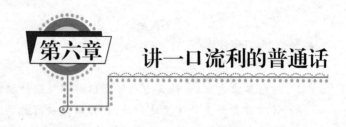

第六章　讲一口流利的普通话

➡ 学习目标

（1）通过本章学习普通话的有关知识；

（2）通过有针对性的训练，进一步改善语音面貌；

（3）经过一段时间的训练，逐步提高普通话水平和演讲能力。

✒ 技能要求

（1）充分认识普通话在演讲中的重要性，基本掌握普通话语音的基本知识；

（2）通过训练查找自身在口语表达时的缺陷和不足，并不断完善和提升；

（3）通过有针对性的训练对自己的语言缺陷进行修正、调整并改进。

第一节　普通话概述

一、学习普通话的重要性

中国有几千年的历史，中国语言文字源远流长。它给了人们骄傲、自豪，人们唯有继承和发扬，才是对祖国语言文字尊严的最大维护。

规范祖国语言，推广普通话，对于消除语言隔阂、增进人际沟通、促进社会发展、维护国家统一具有非常重要的作用。我国需要普通话，它体现了语言的魅力，传承了中华民族的优良传统；人们自身需要普通话，它方便了人们的学习生活与工作。

它是我们情感的纽带，沟通的桥梁。就生活中的小事来说，河南人老董的笑话大家都看过吧？他来到南方去吃早点，一进门就问："小姐，睡觉（水饺）多少钱一晚（碗）?"服务员很不高兴，就说："没有，只有馒头。"

老董说："哦，摸摸（馍馍）也行。"服务员极为懊恼，骂道："流氓！"老董极为惊讶："6 毛？太便宜了！"听完之后有些哭笑不得。像这样由方言引起的笑话很多，但是如果你在实际生活中遇到此类事，心里会非常着急不说，而且会极为尴尬。在演讲这种面向公众的口语表达形式中，更是如此。

语言是人们交流信息、表达思想的重要工具，也是文化传承的重要载体。语言的融通对于一个国家、一个地区的经济发展、社会交往和文化融合具有非常重要的意义。众所周知，我国人多地广、民族众多、语言丰富、方言多样。长期以来，语言隔阂给各地区、各行业之间的经济、社会、文化交流等带来诸多不便。

从大的方面考虑，我国是一个多民族、多语言、多方言的人口大国。同一个声音才能沟通你我他，同一个声音是温暖关爱的分享。推广普通话，推行规范字，并在此基础上提高全社会的语言文字应用水平，它事关历史文化认同、传承和经济社会发展，事关国家统一和民族团结，是繁荣社会主义先进文化，实现文明的重要推动力。

随着我国构建社会主义，和谐社会的进程加快，社会语言生活空前活跃，人民群众对语言文字的需求日益多元，各界人士对语言文字工作空前关注。建设人力资源强国，弘扬中华优秀文化传统，增强中华民族凝聚力，都对语言文字事业的改革和发展提出了新的要求。

总之，人人行动，从我做起真正把说普通话作为一件大事来坚持就一定会花开遍地。雅言传承文明，经典浸润人生！让人们从现在做起，用普通话化解隔阂，用普通话对接心灵，用普通话学习实践，用普通话融入社会，用普通话开创新的汉语言文明。

从小的方面来看，普通话对于每个人而言，它都是一种非常有用的语言，它在促进全社会树立语言文字规范意识，推动语言文字工作向纵深发展方面发挥了重要的作用。有人认为普通话学不学都无所谓，要是这样认为那就错了。

如果一个国家没有一种普遍通用的语言，那么这个国家就会变成一盘散沙。现在，普通话为我们创造了一条光明的道路，一个发展的空间，一个进行交流的工具。

普通话是现代民族的共同语言，是现代汉语的标准语，也是我国的通用语言。要是不会说普通话，而想成为一个有文化、有修养的现代文明人，那是不可想象的。

比如，一些农村人来城市找工作，他们不会说普通话，跟老板说话，简直是"鸡同鸭讲"，那就不会得到老板的欣赏，基本上也没有被录用的可能。

现在的时代，竞争是十分激烈的，要是不懂得说普通话，那将会被社会淘汰。其实，说好普通话是很简单的，只要人们从自身做起，要随时地、认真地说，不但在课堂上说，在办公室说，还要在家里说，在公共场合说，在社会上说。这样才能真正创造人人说、时时说、处处说的普通话环境，这样就能做到脱口而出的境界。

因此每个人要会说普通话，这样才能让大家处在一个良好的语言环境中。普通话是讲出来的，刚开始的时候，由于环境的影响，会产生不好意思说、不习惯说等困难。我们首先要突破心理障碍，通过多听多练纠正不标准的发音，共同学习进步营造出良好的普通话环境。推广普通话对社会主义政治建设、经济建设和文化建设都具有重要意义。

标准流畅的普通话是演讲与口才的基本要求。普通话并不难学，我们必须树立信心。许多人在学习普通话时因为害怕自己生硬别扭的发音"出洋相"而不敢张口或者内心认定无法改变。其实，只要我们及时调整心态，放下包袱，大胆的开口，通过长期的练习就会改变这种不良的语言面貌。

"知之者不如好之者，好之者不如乐之者"，孔子告诉人们，"热爱是最好的老师"，人们应该逐渐的培养自己说普通话的兴趣。学习普通话，和学习任何一种语言一样，我们通过观摩电影、电视、话剧、歌剧、演讲、朗诵会、曲艺等多种形式的艺术活动，来提升自己对语言的感受力和鉴赏力。

特别是可以多听多看中央级媒体的节目，如中央人民广播电台的《新闻与报纸摘要》、中央电视台的《新闻联播》等，为自己营造一个良好的、标准的普通话环境，学习和模仿优秀播音员、主持人标准的吐字发音方法及丰富生动的语言表达方式，逐步提高自己的审美能力和语言能力。

对一些自己经常出现的字词，进行归类，反复使用，重点练习。可以通过有趣的绕口令练习及充满故事和情感的文章朗读等多种训练方法来改变不良的发声方式和习惯。

同时，普通话的学习还需要付出大量的时间和精力。畏难情绪、盲目自信都是我们前进道路上的绊脚石，而"三天打鱼，两天晒网"更是大忌。我们必须有持之以恒的意志和坚持不懈的毅力，通过大量的练习掌握正确的语音和发声方法。

从单音节练习开始，到双音节或多音节字词，再到朗读文章，自由说话，循序渐进地进行练习，在学习过程中要善于总结、发现问题，找出原因并加以改正。相信经过长久的努力，一定可以练习出一口流畅标准的普通话语音，为自己不断提升的口语表达能力打下坚实的基础。

二、 普通话的概念

普通话是汉民族共同语，是规范化的现代汉语，是全国的通用语言。共同的语言和规范化的语言是不可分割的，没有一定的规范就不能做到真正的共同。普通话的规范指的是现代汉语在语音、词汇、语法各方面的标准。

我国是一个地域广阔、人口众多的多民族国家。光汉语就有吴地方言、闽方言、客家方言等，不胜枚举。各地方言的语音、词汇乃至语法也都因时因地而异。那么，到底什么是普通话呢？下面来看一下普通话的含义。

（一）普通话的定义

普通话是以北京语音为标准音，以北方话为基础方言，以典范的现代白话文著作为语法规范的汉民族共同语。这个定义分别从语音、词汇和语法等方面提出了普通话的标准与要求。

1. 语音标准——以北京语音为标准音

普通话以北京语音为标准音指的是普通话的标准语音以北京的语音系统为基础，而并不是把所有的北京话都照搬过来，因为北京话中还有一些土音，比如，有些老年人把"告诉"说成"gao song"，还比如北京话中的儿化现象太多等。

这些说话习惯让其他地区的人民难以理解和习惯。因此，从1956年开始，国家就对北京土话的字音进行了多次审定，制定了普通话的标准读音。目前，普通话的语音标准，应该以1985年公布的《普通话异读词审音表》和2005年版的《现代汉语词典》为规范。

2. 词汇标准——以北方话为基础方言

在我国，说北方话的人口最多，覆盖范围也最广。北方话覆盖地区的方言虽然在语音上略有差异，但是词汇的说法差别不大。比如，在北方的大部分地区我们用"知道"一词来表示对某事的知晓和认知程度,只在南方少数省份用"晓得"来表示。像这样的例子还有很多。

因此,北方话成了普通话的主要词汇来源。不过普通话的词汇也摒弃了北方话中的一些土语词汇,同时吸收了其他方言的一些在书面语中经常出现的词汇。

3. 语法标准——典范的现代白话文著作

这里的著作指的是"五四"以后的典范的现代白话文著作。这些著作的语言以日常口语为基础,但又不同于一般的日常口语,也不同于文言文,是经过加工和提炼的语言。它保留了现代汉语书面语和口语语法的精髓,不啰唆又便于理解,经济实用。

由此可见,标准的普通话不只局限于语音层面的规范,它还有词汇和语法方面的规范,这启示人们在进行普通话测试和日常生活的语言表达中都应该全面地学习与锤炼,使自己能说一口流利、标准的普通话。

随着中国特色社会主义建设的不断深入,我国各地区间政治、经济、文化的交流不断加深,普通话对于营造良好的语言环境,促进社会交往等方面发挥了非常重要的作用,并且已经逐步成为广播电视宣传、教师、公务员和服务行业的规范用语,成为人们必须掌握的一项工作和生活技能。

在 2000 年 10 月 31 日,第九届全国人民代表大会常务委员会第十八次会议通过的《中华人民共和国国家通用语言文字法》第十九条规定:凡以普通话作为工作语言的岗位,其工作人员必须应当具备说普通话的能力。以普通话作为工作语言的播音员、节目主持人、影视话剧演员、教师、国家机关工作人员的普通话水平,应当分别达到国家规定的等级标准;对尚未到达国家规定的普通话等级标准的,分别情况进行培训。

在普通话等级测试中,普通话水平分为一级、二级、三级 3 个级别,每个级别内又划分为甲、乙两个等次。

要进行系统的普通话学习,必须首先认识一些普通话语音的基本概念,以便于理解相关理论,扫清学习的障碍。

 案例

你知道普通话在演讲中有多么的重要吗

赤峰的一个代表团到南方考察。临走,人家让留下意见。代表团领导发言:"往们寨次来嘎哈呢,主要是淆习来了。没来那会儿还寻思,南方指不定咋地呢,来了一撒摸,坐窝傻眼了,真不赖! 同志们其大乎地共同感受是:同在蓝天下差距咋弄么大呢……"

当地工作人员实在听不懂,便礼貌地打断了领导的发言:"对不起,你的意见一定很宝贵,可惜我们听不明白,这样吧,您给留个书面意见如何?"

领导不乐意了:"听不懂? 那中央台的罗京说话你听懂了不?"

"他说的是普通话,我们当然能听懂啊!"

领导笑了:"'往们'就是普通话啊!"

（二）普通话语音的基本概念

1. 音节

音节是语音的自然单位。一般来讲，在汉语中，一个汉字就是一个音节。音节从结构上由声母、韵母、声调 3 个部分组成。

（1）声母是音节开头的辅音，普通话有 21 个辅音声母。声母一般充当一个汉字的"字头"部分。

（2）韵母是音节中声母后面的部分。普通话有 39 个韵母。韵母一般充当一个汉字的"字颈""字腹"和"字尾"部分。

（3）声调是音节高低升降的变化形式，也叫字调。普通话的基本声调有阴平、阳平、上声、去声 4 种声调。声调是一个汉字的"字神"。

2. 音素

音素是从音色的角度划分出来的最小的语音单位，音素是音节的构成单位。一个音节可以由一个音素构成，也可以由几个音素构成。普通话语音共有 32 个音素。按发音情况的不同，音素可以分为元音和辅音两大类。

（1）元音：也叫母音，是指发音时发音器官各部位均衡紧张，声带振动，气流通过口腔、咽喉不受阻碍而形成的音。普通话有 10 个元音音素。它们是构成韵母的主要成分。

（2）辅音：也叫子音，是指发音时声带不振动，发音器官的某一部位紧张，使气流在口腔或咽头受到阻碍而形成的音。普通话里有 22 个辅音音素，除了"ng"只做韵尾外，构成了 21 个声母。

了解了普通话语音学习必须涉及的一些概念后，下面就按照音节结构的顺序，来详细学习和训练普通话语音了。准备好了吗？开始！

第二节　如何讲一口流利的普通话

一、声母练习

声母指的是普通话音节开头的辅音。比如，音节 bái（白）中的 b 和 shǎo（少）中的 sh 就是声母。普通话中包括零声母在内共有 22 个声母，有 21 个由辅音充当。这些辅音声母在发音的时候，口腔的某一部分会形成阻碍，然后由气流冲破这个阻碍形成辅音。

由于辅音声母的本音发音时大多声带不振动，所以音量较小听不清楚，不利于呼读和学习。所以我们在呼读声母时采用在声母的后面加一个元音的方式，如 bo（b）、po（p）、mo（m）、de（d）、te（t）、ne（n）、le（l）等来辅助呼读。声母的发音可以在语流中将一个个的词语区分开来，同时又可以增强音节的清晰度、力度和亮度，因此，声母发音的准确度、清晰度非常关键。

按照发音时口腔中形成阻碍的位置（也就是发音部位）不同，普通话的声母可以分为双唇音、唇齿音、舌尖前音、舌尖中音、舌尖后音、舌面音和舌根音 7 组音。下面就分别来学习这些声母，如表 6-1 所示。

表 6-1　声母发音表

发音方法 发音部位	塞音		塞擦音		擦　音		鼻音	边音
	清	清	清	清	清	浊	浊	浊
	不送气	送气	不送气	送气				
双唇音	b[p] 布步	p[pʻ] 怕爬					m[m] 门美	
唇齿音					f[fʻ] 飞冯	v[v] 文危		
舌尖前音			z[ts] 祖坐剪	c[tsʻ] 仓曹钱	s[s] 苏三生			
舌尖中音	d[t] 到大道	t[tʻ] 土太同						l[l] 怒连路
舌尖后音			zh[tʂ] 招赵	ch[tʂ] 吵柴	sh[ʂ] 书邵	r[ʐ] 从绕		
舌面音			j[tɕ] 精经近	q[tɕ] 秋徐轻	x[ɕ] 箱形县			
舌根音	g[k] 高盖柜	k[kʻ] 开看葵			h[x] 灰好红			
零声母	爱岸要英雨云							

注：① ts、tsʻ、s 声母拼∅韵母时，带有舌头作用。

　　② l 包括 n 和 l 两个变体，细音韵前大多为 n，洪音韵前大多为 l。

（一）双唇音

双唇音指的是上唇和下唇接触形成阻碍后发出的辅音，有 b、p、m 3 个音，在发 b 和 p 的时候，软腭要挺起来，使气流经过双唇从口腔里发出；在发 m 时，首先上下唇贴合，软腭和小舌下垂、放松，使气流进入鼻腔，然后软腭、小舌上升，双唇打开，完成发音；在发 m 时，声带是颤动的，因此也有人称它为"半元音"。

在发双唇音的时候要尤其注意唇的力度和发音的清晰度，力量要集中在上唇的中间位置，面积越小力量越集中，所发出来的音就越清晰。在发音时还要避免裹唇，不然会含混不清。

1. 音节练习

（1）b——双唇紧闭，阻碍气流，然后双唇突然放开，让气流冲出，读音轻而短促。

单音节：扒　白　跛　半　标　甭　北　笨

双音节：斑驳　帮办　蚌埠　包办　辨别

四音节：百发百中　步步为营　白白胖胖　蹦蹦跳跳　包治百病

（2）p——双唇紧闭，阻碍气流，然后双唇突然放开，气流进出成音。

单音节：趴　排　跑　胖　呸　盆　捧　盼

双音节：批判　澎湃　瀑布　琵琶　偏旁

四音节：怦然心动　虚无缥缈　朝气蓬勃　疲惫不堪　气势磅礴

（3）m——双唇紧闭，舌头后缩，气流从鼻腔出来，打开嘴，声带颤动。

单音节：妈　毛　买　蜜　闷　谋　猛　谬

双音节：麻木　迷茫　秘密　美貌　明媚

四音节：密密麻麻　麻痹大意　莫名其妙　满面春风　梅花三弄

2. 绕口令练习

练习时首先要注意发音的准确性，然后在准确的基础上加快说话的速度。同时，绕口令里面多蕴涵着一个故事或者某种场景、情节，在读说时要把这个故事给别人说清楚。最终达到流利、清晰、有活力的状态。这样说出来的绕口令不但清楚、速度快，显示了说话人嘴皮子上的功夫，同时又能表意清晰，感染听众。

绕口令

（1）八百标兵奔北坡，炮兵并排北边跑。炮兵怕把标兵碰，标兵怕碰炮兵炮。

（2）白猫手里有一顶白帽，白兔手中有一把白毛，白猫想拿手里的白帽，去换白兔手中的白毛，白兔不愿拿手中的白毛，去换白猫手里的白帽。

（3）扁担长，板凳宽。板凳没有扁担长，扁担没有板凳宽。扁担要绑在板凳上，板凳偏不让扁担绑在板凳上。

（二）唇齿音

唇齿音指的是发音时上齿和下唇相接触所发出的辅音，普通话中只有 f 一个唇齿音。在发音时候要注意，上齿要和下唇的内侧自然接触，将气息从缝隙里推出，不能咬着下唇，不然会发音笨拙，含混不清。

1. 音节练习

f——上齿接触下唇，让气流完全从唇齿间的缝隙中摩擦而出，发出摩擦的声音，声带不振动。

单音节：发　房　匪　愤　翻　冯　否　缝

双音节：丰富　方法　反复　防范　仿佛

四音节：纷繁复杂　反复无常　分秒必争　凤凰涅槃　翻云覆雨

2. 绕口令练习

绕口令

（1）粉红墙上画凤凰，凤凰画在粉红墙。红凤凰、黄凤凰、粉红凤凰花凤凰。

（2）黑化肥发灰；灰化肥发黑。黑化肥发灰会挥发；灰化肥发挥会发黑。黑化肥挥发发灰会挥发；灰化肥挥发发黑会发挥。黑灰化肥会挥发发灰黑化肥挥发；灰黑化肥会挥发发黑灰化肥发挥。黑灰化肥会挥发发灰黑化肥黑灰挥发化为灰;灰黑化肥会挥发发黑灰化肥灰黑发挥化为黑。

以上两组是比较难说的绕口令,在练习时还是先保证其发音准确,然后再提速。

(三) 舌尖前音

舌尖前音也叫作"平舌音",指的是舌尖平伸抵住或者接近上齿背,气流在这一部位受到阻碍而发出的音,有 z、c、s 3 个。有些人在发这组音的时候,舌尖是抵住下齿背的。在发这组音的时候要注意:是舌尖前端与齿背成阻,而不是整个舌尖前缘都贴在齿背上,接触面积要小,碰触后立刻移开,才能发得轻快利落。

另外,还要避免将舌尖伸到上下齿的中间形成齿间音。如果发音时总是发成齿间音,可以咬住一根手指的前端,使舌头有后缩的感觉来矫正练习。

1. 音节练习

(1) z——舌尖抵住上门齿背,阻碍气流,让较弱的气流冲破舌尖阻碍从窄缝中挤出,摩擦成音,声带不振动。

单音节:栽 杂 攒 造 脏 咱 怎 揍

双音节:粽子 造作 藏族 最早 造作

四音节:自给自足 再接再厉 左右为难 早睡早起 罪不可赦

(2) c——舌尖抵住上门齿背,阻碍气流,让较弱的气流冲破舌尖阻碍,摩擦成音,声带不振动。

单音节:擦 藏 惨 翠 猜 曹 此 凑

双音节:猜测 层次 璀璨 措辞 草丛

四音节:蚕食鲸吞 寸步难行 藏龙卧虎 操之过急 才疏学浅

(3) s——舌尖接近上门齿背,留出窄缝,气流从舌尖的窄缝中挤出,摩擦成音,声带不振动。

单音节:三 四 酸 色 撒 赛 扫 岁

双音节:思考 色彩 搜索 诉讼 琐碎

四音节:丝丝入扣 酸涩难耐 松松散散 五光十色 四面楚歌

2. 绕口令练习

绕口令

(1) 早晨早早起,早起做早操,天天做早操,做操身体好。

(2) 山前有四十四棵死涩柿子树,山后有四十四只石狮子,山前的四十四棵死涩柿子树,涩死了山后的四十四只石狮子,山后的四十四只石狮子,咬死了山前的四十四棵死涩柿子树,不知是山前的四十四棵死涩柿子树涩死了山后的四十四只石狮子,还是山后的四十四只石狮子咬死了山前的四十四棵死涩柿子树。

 **纠错秘籍**

平舌音 z、c、s 和翘舌音 zh、ch、sh 的辨证

在我国南方的多个省份以及东北、山东的部分地区的方言中,存在平舌音和翘舌音区分不清楚的问题。有的是在方言的语音系统中只有其中一组音,没有另一组音;有的是两组音都有但是部分读音对调;有的是发音部位和发音方法,都接近或者类似于平翘舌的准确读音但是还略有偏差。总之,它们和普通话的发音要求相差很远。

要想辨读清楚这两组音,要做到以下内容。

(1)了解本地区方言中的平翘舌音和普通话中平翘舌准确读音的差别。

(2)参照普通话字词读音表,掌握正确的平舌音读音方法和翘舌音读音方法。平舌音也就是声母是 z、c、s 的音,发音时舌尖抵在上齿背或者下齿背,接触部位要小,且发音时舌尖与齿背碰触后舌尖立刻松开,这样才能使发音准确清晰、轻快利落。普通话中的翘舌音在发音时舌尖接触齿龈后部,不能太靠前或者接触面积过大听起来像舌叶音,或者舌尖位置太靠后听起来像卷舌音。

(3)除了掌握发音方法外,记住一些拼写规律对区分平翘舌音也很有帮助。普通话中的 ua、uai、uang 3 个韵母只跟 zh、ch、sh 相拼,不跟 z、c、s 相拼。所以诸如"抓""刷""拽""揣""衰""摔""帅""妆""庄""幢""壮""窗""床""闯""霜""双"等都读翘舌音。此外,翘舌音 sh 不与韵母 ong 相拼。所以诸如"松""怂""耸""宋"等都读平舌音。

平翘舌辨读练习。

匝——扎 错——绰 赛——晒 搜——收

脏——张 草——吵 最——缀

自由——制油 木材——木柴 栽花——摘花

卒子——竹子 喝醉——点缀 草丛——小虫

(四)舌尖中音

舌尖中音指的是发音时舌尖抵住上齿龈(上牙床),使气流在此受阻。然后气流冲破阻碍弹发而形成的音,包括 d、t、n、l 4 个音。这组音对于舌头的力度有较高的要求,在发音时候一方面要找准位置,不能太靠前或者太靠后;另一方面,舌头要弹发有力。经常练习这组音,可以增强舌头的弹力,使发音轻快、利落、干脆、清晰。

1. 音节练习

(1)d——舌尖抵住上齿龈,先憋住气流然后突然放开,气流爆发而出,冲出的气流较弱。

单音节:搭 得 胆 到 都 达 党 到

双音节:当代 到底 道德 达到 地点

四音节:单打独斗 天大地大 顶天立地 多多益善 调虎离山

(2)t——舌尖抵住上齿龈,先憋住气流然后突然放开,气流爆发而出,冲出一股较强的气流。

单音节：他　抬　坦　兔　吞　唐　腿　透

双音节：探讨　抬头　忐忑　图腾　淘汰

四音节：吞吞吐吐　推波助澜　妥妥当当　拖拖拉拉　玲珑剔透

（3）n——舌尖抵住上齿龈,软腭下垂,打开鼻腔式通过,同时冲开舌尖的阻碍,迸发成音,声带振动。

单音节：捏　拿　扭　闹　妮　难　奶　弄

双音节：能耐　泥淖　牛奶　袅娜　农奴

四音节：扭扭捏捏　难能可贵　泥泞不堪　年年有余　闹腾闹腾

（4）l——发音时嘴唇稍开,舌尖抵住上牙床,声带振动,气流从舌的两边流出。

单音节：拉　来　懒　楞　捞　卢　领　率

双音节：理论　力量　历练　靓丽　裸露

四音节：光明磊落　老态龙钟　落花流水　离题万里　歌声嘹亮

2. 绕口令练习

（1）调到敌岛打特盗,特盗太刁投短刀。挡推顶打短刀掉,踏盗得刀盗打倒。

（2）白石塔,白石搭。白石搭白塔,白塔白石搭。搭好白石塔,白塔白又大。

（3）老龙恼怒闹老农,老农恼怒闹老龙;农怒龙恼农更怒,龙恼农怒龙怕农。

（4）牛郎年年恋刘娘,刘娘连连念牛郎,牛郎恋刘娘,刘娘念牛郎,郎恋娘来娘念郎。

纠错秘籍

n 和 l 的辨证

n 与 l 都是舌尖中音,在湖南、江西、福建的部分地区混读,就发音部位而言,l 实际上要比 d、t 和 n 要略靠后一点点,舌尖接触上齿龈的位置比 n 略偏后一些。二者的显著区别主要是发音方法的不同。

n 是鼻音,用舌尖顶住上齿龈形成阻塞,闭住口腔使气流完全从鼻腔中透出。这时候,如果舌尖顶住上齿龈不动,延长发音时间,可以明显地感受到气流在鼻腔内所形成的振动。

l 是边音,发音时注意不要让气流从鼻腔漏出来,用舌尖轻柔地抵触上齿龈。舌的前半部下凹,舌头两侧跟硬腭两侧保持适度距离,由舌前部的两边出气发音。

有人发 n 的时候,口腔没有完全关闭,有气流从舌尖边透出,发出的音常常不是纯粹的鼻音,听起来带有 l 的色彩。发音时要注意把舌的两侧上腭完全贴紧闭合,使气流只能够从鼻腔透出。还可以根据语流音变的"顺同化"原理,在前面加上一个前鼻韵尾的音节进行训练,例如,新年、温暖、搬弄、本能、艰难、信念、愤怒这些词语的前一个音节的韵尾都是 n,反复训练可以帮助人们发好 n 声母。

n、l 发音方法的不同,可以借助捏鼻子的方法来仔细加以揣摩。发音时用舌尖顶住上齿龈后部,不要急于离开,振动声带,把音拉长轻声念,同时捏紧鼻子。如果觉得鼻腔没有振动而能发出音来,就是 l;如果振动了,却发不出音来,就松开手指,让鼻子出气,从而发出 n 音。

在了解发音方法和部位之后,可以进行一些训练。可以参照以下训练方法。

（1）镜前训练法。

拿一张纸片,将其横放在上唇的上方,用一面镜子立在纸片的前头。发 n 时,镜子上半部有水汽;发 l 时,镜子下半部有水汽。

（2）前字引导法。

在 n 声母字的前面加一个用 n 作韵尾的音节,两字连读。因发音部位相同,方法相近（只是除阻不除阻的区别）,易于发准 n 声母。

如:kan-na 看哪、xin-nian 信念。

在 l 声母的前面加上一个 ge、ke 的音节,借 g、k 发音时的舌根高抬,相对限制软腭下降,使它不便于发鼻音而发边音。训练时要注意两个音节的密接。

如:ge-lei 各类、ke-li 颗粒。

（3）对比发音训练。

老——脑　　六——牛　　路——怒

新粮——新娘　　旅客——女客

冷暖——老年　　能量——努力

褴褛——男女　　老路——恼怒

 要领掌握

念一念,练一练,n、l 发音要分辨。l 是边音软腭升,n 是鼻音舌靠前。你来练,我来念,不怕累,不怕难,齐努力,攻难关。

（五）舌尖后音

舌尖后音指的是舌尖与齿龈的后部相接触发出的辅音,发音时舌头翘起,所以这组音又称为"翘舌音",包含 zh、ch、sh、r 4 个音。在发这组音的时候,舌尖要避免靠前,使接触面积过大而形成"舌叶音",又要避免太靠后形成"卷舌音"。位置不准确,接触面积不合适等都会影响发音的准确度和清晰度。

1. 音节练习

（1）zh——舌尖上翘,抵住硬腭前部,有较弱的气流冲破舌尖阻碍,从缝中挤出,摩擦成音。

单音节:扎　宅　找　站　真　竹　掌　正

双音节:真正　作者　组织　政治　主旨

四音节:自作主张　张牙舞爪　郑重其事　咫尺天涯　掌上明珠

（2）ch——舌尖上翘,抵住硬腭前部,有较强的气流冲破舌尖阻碍,从缝中挤出,摩擦成音。

单音节:插　柴　产　唱　吃　锄　蠢　称

双音节：出差　传承　唇齿　惆怅　春潮

四音节：长期共存　叱咤风云　成人之美　出尘之姿

（3）sh——舌尖上翘，靠近硬腭前部，留出窄缝，气流从窄缝中挤出，摩擦成音。

单音节：筛　啥　赏　是　收　熟　水　渗

双音节：事实　硕士　手势　时尚　射手

四音节：水声山色　实事求是　势如破竹　飞沙走石　适得其反

（4）r——舌尖上翘，靠近硬腭前部，留出窄缝，嗓子用力声带振动，摩擦成音。

单音节：扔　如　染　肉　嚷　容　软　日

双音节：柔软　荏苒　荣辱　忍让　扰攘

四音节：无耻之徒　人云亦云　若无其事　如鱼得水　仁至义尽

2. 绕口令练习

（1）四是四，十是十；十四是十四，四十是四十；别把十四说成是时事，别把四十说成是细习。要想说好四和十，全靠舌头和牙齿。要想说对四，舌头碰牙齿；要想说对十，舌头别伸直。认真学，常练习，十四、四十、四十四。

（2）长虫绕着砖堆转，转完砖堆钻砖堆。

（3）史老师，讲时事，常学时事长知识。时事学习看报纸，报纸登的是时事。

（4）知道就是知道，不知道就是不知道；不要知道说不知道，也不要不知道装知道；老老实实，实事求是，才是不折不扣的真知道。

纠错秘籍

卷舌音 r 和边音 l 的辨证

许多地区的方言里没有声母 r，在这些地区，普通话里 r 声母的字，通常改读成 l、n 等几个声母或 i、ü 等音。在 r 音节和 l 音节的读音区分中，大多不存在双向混读现象，也就是说，一般不会把 l 读成 r，不把"蓝"读成"然"。因此，学会并读准 r 声母才是最重要的。由于 r 声母的音节不多，辨读和记认并不困难。

r 是舌尖后音和 zh、ch、sh 的发音部位一样，是由舌尖和硬腭前部形成阻碍而发出的音。r 在发音时，舌尖要上翘，抵硬腭前部留一小缝，让气流从小缝中摩擦而出，同时声带振动。练习中可以先发 sh 音，然后振动声带，就发出了 r 音。

l 声母是舌尖中音，是由舌尖与上齿龈形成阻碍而发的音。从发音方法看，l 发音时，舌尖抵上齿龈的后部，使气流从舌侧的两边摩擦而出，同时声带振动。

r 和 l 发音的区别如下。

发音部位不同，舌尖抵达的位置有前后之分。r 的发音部位在硬腭，l 的发音部位在齿龈。

发音方法也不同，r 的发音除阻时，气流的通路很窄，仅限于舌尖和硬腭之间的一点缝隙，摩擦很重；而 l 发音除阻时，气流的通路在舌侧两边，很宽松，摩擦不十分明显。

r 音节的数量也比较少,共 14 个,与其相应的常用汉字共 54 个,所以在区别时只需记住这些常用字,采取"记少不记多"的方法就可以了。

r 声母的 14 个音节的 54 个常用汉字如下。

ri　　日

re　　热、惹

rao　　绕、扰、饶

rou　　肉、柔、揉、蹂

ran　　然、燃、染

rang　让、壤、嚷、攘、瓤

ren　　人、任、仁、忍、认、刃、韧、纫

reng　仍、扔

ru　　如、儒、蠕、乳、辱、入、褥

rong　荣、溶、容、熔、蓉、融、榕、绒、茸、冗、戎

ruo　　弱、若

rui　　瑞、锐、蕊

ruan　软

run　　润、闰

（六）舌面音

舌面音指的是舌面前部抵住或者接近硬腭前部,使气流在此部位受到阻碍而发出的音,这组音有 j、q、x 3 个。这组音是很容易发错的音,很多女孩子在发这组音的时候习惯将舌尖放在齿间或者舌尖过多参与发音形成"尖音"。

女性发音带有"尖音"会给人发嗲的感觉,男性发音带有"尖音"则会显得"很娘",不庄重,所以要尽量克服。

克服"尖音"的方法:一方面在意识上感觉舌头往后缩,后口腔比较开阔。另一方面可以将自己的手指前端或者一支干净的笔等工具咬在齿间练习发舌面音,尽量使自己的舌头不接触手指或工具,这样舌头的位置就靠后了,有助于避免"尖音"的出现。

1. 音节练习

(1) j——发音时舌尖抵住下门齿,舌面前部紧贴硬腭,气流从窄缝中冲出,摩擦成音。

单音节:家　决　奖　叫　间　及　举　俊

双音节:接近　积极　姐姐　讲解　见解

四音节:斤斤计较　将计就计　饥寒交迫　驾轻就熟　假公济私

(2) q——舌面前部贴住硬腭,气流冲破舌根的阻碍,摩擦成音。

单音节:掐　桥　抢　去　亲　求　请　切

双音节:亲切　蛐蛐　蹊跷　妻妾　齐全

四音节:恰如其分　取之不尽　气象万千　岂有此理　求同存异

(3) x——舌尖抵住下门齿,舌面前部太高靠近硬腭,形成窄缝,气流从缝隙中挤出,摩擦成音。

单音节:虾　闲　想　笑　些　学　修　信

双音节：信息 形象 学校 现象 新鲜

四音节：惺惺相惜 息息相关 弦外之音 笑容可掬 心心相印

2. 绕口令练习

(1) 东边来了个锡匠卖锡,西边来了个漆匠卖漆。锡匠拿锡换漆匠的漆,漆匠拿漆换锡匠的锡。锡匠换了六斤六两漆,漆匠换了九斤九两锡。锡匠漆匠笑嘻嘻,锡匠漆匠都有了漆和锡。

(2) 姐姐用刀切茄子,去把儿去叶儿切斜丝,切后茄子烧茄子、炒茄子、蒸茄子,还有一碗焖茄子。

(3) 七加一,七减一,加完减完等于几?七加一,七减一,加完减完还是七。

纠错秘籍

舌面音 j、q、x 和翘舌音 zh、ch、sh 的辨证

有一些方言区没有翘舌音,这些方言区的人把普通话里的翘舌音 zh、ch、sh,一般读成平舌音 z、c、s,也有一部分读成舌面音 j、q、x。

从 j、q、x 和 zh、ch、sh 的发音来看,普通话声母 j、q、x 是舌面前音,发音时舌尖要下垂抵下齿背,舌面前部向上隆起贴紧或靠近硬腭前部。j、q 发音时要用气流把舌面和硬腭前部贴紧的部位冲开一条窄缝,摩擦成声。x 发音时气流从舌面和硬腭前部形成的适度空隙中摩擦成声。

zh、ch、sh 是舌尖后音,发音时舌尖后缩上举,轻巧接触或靠近硬腭稍前一点的部位。

普通话以 i、ü 开头的齐齿呼、撮口呼韵母前面只能拼 j、q、x 不能拼 zh、ch、sh。

(七) 舌根音

舌根音指的是舌根与软腭相靠近,使气流在这一部位形成阻碍而形成的辅音,有 g、k、h 3 个。在发这组音的时候应该适当地将发音部位靠前一些,避免压喉。

1. 音节练习

(1) g——舌根前部抵住软腭阻碍气流,让气流冲破舌根的阻碍,爆发成音。

单音节：该 国 搞 杠 耕 格 管 棍

双音节：广告 公共 故宫 改革 尴尬

四音节：高高在上 歌功颂德 高歌猛进 高谈阔论 光怪陆离

(2) k——舌根前部,抵住上软腭,阻碍气流,让气流冲破舌根的阻碍,迸发成音。

单音节：夸 狂 侃 快 吭 壳 肯 阔

双音节：开阔 困苦 可靠 空旷 慷慨

四音节：坎坎坷坷 空前绝后 口蜜腹剑 大刀阔斧 扣人心弦

(3) h——舌根太高,接近软腭,形成窄缝,气流从缝中挤出,摩擦成音。

单音节：哈 黄 毁 横 憨 还 很 坏

双音节：很好 恢宏 豪华 后悔 红火

四音节：含糊其词　海阔天空　汗马功劳　骇人听闻　海沸河翻

2. 绕口令练习

（1）哥挎瓜筐过宽沟，赶快过沟看怪狗。光看怪狗瓜筐扣，瓜滚筐空哥怪狗。

（2）华华有两朵黄花，红红有两朵红花，华华要红花，红红要黄花，华华送给红红一朵黄花，红红送给华华一朵红花。

🖱️ **纠错秘籍**

f 和 h 的辨证

普通话中，声母 h 和 f 是两个差别较大的音。而有些方言区不同程度地存在 f 和 h 混读。较多的情况是 f、h 同韵母 u 相拼时混读，例如，有的把"湖南"读成"符兰"等。因此，在进行 f 和 h 的辨证时，应以区别字、词的读音为主。

f 是齿唇擦音，发音时，下唇靠抵上齿并留一小缝，让气流从小缝中摩擦而出，声带不振动。

h 是舌面后擦音，发音时，舌面后部上抬至软腭并留一小缝，让气流从小缝中摩擦而出，声带不振动。

f 和 h 发音方法完全相同，都是清擦音。它们的区别是发音部位不同，在不同的发音部位，用相同的方法来发音是很容易区分的。而且，方言里这两个声母都有，可以从方言中找到感觉。

发——花
福——胡
分——昏
房——黄
饭——换
飞——灰

📖 **综合练习**

抱笨奔波罢宝般，标崩包丙敝兵边，
豹蹦布别冰帮贬，必比补布便伯班。
京家金景静究坚，君将急记就嚼搞，
架鸡觉酒江阶减，节锦交已叫居干。
叮咚当顶道刀单，低都兜挡定丢颠，
大刀敦斗歹碟断，达堆登洞岛多端。
萤红灰鹤好活欢，准海呼魂会花环，
豪回喉后荒虎唤，火胡轰吼化货憨。

撒苏司叟飒蓑酸,算色森塞扫搜三,

孙松赛素僧俗伞,随死涩撒四桑散。

春窗初赤出差禅,昌臣充楚叉戳穿,

吃尺称车抽插喘,常找称处抄吹船。

以上练习的是普通话中的声母,通过学习和训练,有没有感觉到自己的发音比以前更准确、清晰、有力了呢?只要找准部位,并克服自己的方言发音习惯,不断听辨和读说,相信你一定没问题的。下面进入普通话音节中韵母的发音练习。

二、 韵母练习

韵母指的是在普通话音节中声母后面的部分。可以说,韵母是一个普通话音节中最重要的部分,它在一个音节中所占的时值较长,动程较大,所占的音节结构部分也较多。

没有韵母,音节就无法发出,也就无法表达意思。我国语言文学中讲究"押韵",指的就是在文学创作和艺术语言表达中,通过对韵母的运用来表现出作品的音韵美。由此可见,韵母的发音训练在普通话的学习中占据着非常重要的位置。

普通话中一共有 39 个韵母,其中单韵母 10 个,复韵母 13 个,鼻韵母 16 个。从结构上,一个韵母可以分为韵头、韵腹和韵尾等几个部分,在发音吐字时对各个部分有着不同的要求。但并不是每一个韵母的这 3 个部分都齐全。下面就分别来学习。普通话韵母总表如表 6-2 所示。

表 6-2　普通话韵母总表

韵母 按口形分 按结构分	开口呼	齐齿呼	合口呼	撮口呼	按口形分 韵母 按结构分
单元音韵母	-i[ɿ][ʅ]	i[i]	u[u]	o[y]	无韵尾韵母
	o[A]	io[iA]	uo[uA]		
	o[o]		uo[uo]		
	e[ɤ]				
	ê[ɛ]	ie[iɛ]		oe[yɛ]	
	er[ɚ]				
复元音韵母	oi[ai]		uoi[uai]		元音韵尾
	ei[ei]		uei[uei]		
	oo[ou]	ioo[iou]			
	oo[ou]	ioo[iou]			
带鼻音韵母	on[an]	ion[iɛn]	uon[uan]	Uon[yɛn]	鼻音韵尾韵母
	en[ən]	in[in]	uen[uən]	Un[yn]	
	ong[aŋ]	iong[iaŋ]	Uong[uaŋ]		
	eng[əŋ]	ing[iŋ]	ueng[uəŋ]		
			ong[uŋ]	iong[yŋ]	

（一）单韵母

单韵母指的就是由一个元音音素构成的韵母。单韵母在发音时自始至终口形都不变，舌头收紧隆起的位置都不移动，所以，如果气流够足，韵母的发音可以无限延长。普通话中单元音韵母共有 10 个：ɑ、o、e、i、u、ü、ê、er、-i(前)、-i(后)。下面分别来练习。

(1) ɑ——是一个舌面央低不圆唇元音，发音时软腭抬起，堵住鼻腔的通路，使声音从口腔出来，前舌面下降，舌中部微微隆起，舌位低，口腔的开度大。发音时应特别注意口腔的开度和舌位的位置，不能太靠前或者太靠后。

单音节：阿　扒　爬　卡　哈　发　扎　砸

双音节：发达　爸爸　妈妈　发麻　沙发

四音节：大智若愚　茶余饭后　飒爽英姿　跋山涉水　煞有介事

除了音节的辨读之外，韵母的练习还可以借助古诗词的朗诵来进行。因为古诗词的朗诵讲究“音韵夸张”，只有把韵母发得饱满、到位，整篇朗诵才有味道。另外，朗诵古诗词还可以使人们领略古代文人骚客的丰富情怀和我国传统历史文化的深邃悠远，陶冶我们的情操，实在是一件快乐的事情。准备好了吧，开始朗诵吧！

绕口令

马大妈的儿子叫马大哈，马大哈的妈妈是马大妈。

马大妈让马大哈买麻花，马大哈给马大妈买西瓜。

马大妈叫马大哈割芝麻，马大哈给马大妈摘棉花。

马大妈告诉马大哈，以后不能再马大哈，

马大哈不改马大哈，马大妈就不要马大哈。

(2) o——是一个后半高圆唇元音，发音时口腔半闭，舌头向后缩，舌根抬起来，舌中部凹进。发音时为了保证唇形的准确与美观，嘴唇不要向前噘。还有就是要注意不要发成 e。

单音节：波　魔　跛　破　摸　佛　叵　墨

双音节：婆婆　伯伯　磨破　菠萝　破获

四音节：莫名其妙　迫在眉睫　模棱两可　博古通今　波澜壮阔

绕口令

老伯伯卖墨，老婆婆卖馍。

老婆婆卖馍买墨，老伯伯卖墨买馍。

墨换馍老伯伯有馍，馍换墨老婆婆有墨。

(3) e——是一个后半高不圆唇元音。在发 o 的基础上，将双唇向嘴角展开发出的音就是 e。

单音节：则　册　色　哥　渴　喝　折　车

双音节：客车　特色　合格　哥哥　可贺

四音节：责无旁贷　克己奉公　和颜悦色　刻骨铭心　可歌可泣

绕口令

坡上立着一只鹅，坡下就是一条河。

宽宽的河，肥肥的鹅，鹅要过河，

河要渡鹅，不知是鹅过河，还是河渡鹅？

（4）i——是普通话中舌位最靠前的一个元音韵母。发音时，口腔开度较小，舌尖靠近下齿背，中部隆起，前舌面上升接近硬腭，气流通路狭窄，但不应该使气流产生摩擦，嘴角向两边展开成扁平状，但应该使口腔尽量打开一些，以免发得太扁，缺乏响度。

单音节：一 皮 比 气 鸡 离 米 地

双音节：离奇 地理 机器 霹雳 激励

四音节：鸡犬不宁 立竿见影 比比皆是 岌岌可危 一技之长

绕口令

七巷一个漆匠，西巷一个锡匠。

七巷漆匠用了西巷锡匠的锡，

西巷锡匠拿了七巷漆匠的漆，

七巷漆匠气西巷锡匠用了漆，

西巷锡匠讥七巷漆匠拿了锡。

（5）u——是一个后高圆唇元音，是普通话中舌位最后最高的元音。发音时，口腔开度较小，舌尖距离下齿背比较远，舌头向后缩，后舌面上升接近软腭，气流通路狭窄，圆唇但不要噘嘴。可以找一找噘嘴吹气的感觉，发音时 u 的音色较暗。

单音节：乌 不 瀑 母 路 哭 鼓 诉

双音节：瀑布 葫芦 速度 著述 苦楚

四音节：不共戴天 顾此失彼 入情入理 古色古香 不伦不类

绕口令

会炖我的炖冻豆腐，来炖我的炖冻豆腐。

不会炖我的炖冻豆腐，就别炖我的炖冻豆腐。

要是炖坏了我的炖冻豆腐，哪就吃不成我的炖冻豆腐。

（6）ü——是前高圆唇元音，发音时口腔的开度较小，双唇要聚拢成扁平形的小孔，两嘴角撮起，注意发音时不要噘唇，以免影响发音的清晰度和美观性。

单音节：迂 驴 女 趣 虚 渠 吕 句

双音节：语句 序曲 区域 聚居 豫剧

四音节：取长补短 嘘寒问暖 与众不同 举足轻重 聚沙成塔

绕口令

墙头高,墙头低,墙旮旯有对蛐蛐,在那儿吹大气。大蛐蛐说:"昨儿个我吃了两只花不楞登的大老虎。"小蛐蛐说:"今儿个我吃了两只灰不溜秋的大毛驴。"大蛐蛐说:"我在南山爪子一抬,踢倒了十棵大柳树。"小蛐蛐说:"我在北海大嘴一张,吞了十条大鲸鱼。"

这两个蛐蛐正在吹大气,扑棱棱打东边飞来一只芦花大公鸡。你看这只公鸡有多愣,它哆的一声吃了那只小蛐蛐。大蛐蛐一看生了气,它龇牙捋须一伸腿,唉!它也喂了鸡!哈哈,看它还吹大气不吹大气!

(7) ê——这个元音在北京语音里只与 i、ü 结合成复韵母,一般不单独使用或与声母相拼。所以在发音时,可以用 ie、üe 的发音去带。

单音节:切　别　姐　茄　谢　切　学　雀
双音节:学姐　决绝　节约　雀跃　谢谢
四音节:锲而不舍　血气方刚　切肤之痛　戒骄戒躁　跃马扬鞭

(8) er——是舌尖中不圆唇卷舌元音,发音时口腔半开,舌尖卷起。要想把这个韵母发的好听,舌头一定要有一个卷曲的运动过程,避免平直、生硬。在发序数词"二"的音时,er 的前面要加上一个小小的 a,成为/ar/,其余的读音都是/er/。

单音节:耳　儿　尔　而　饵　二
双音节:洱海　诱饵　而且　二十　耳朵
四音节:耳目一新　尔虞我诈　耳濡目染　接二连三　出尔反尔

绕口令

要说"尔"专说马尔代夫、喀尔、阿尔巴尼亚、扎伊尔、卡塔尔、贝尔格莱德、安道尔、萨尔瓦多、伯尔尼、利伯维尔、班珠尔、厄瓜多尔、塞舌尔、哈密尔顿、尼日尔、圣彼埃尔、巴斯特尔、塞内加尔的达喀尔、阿尔及利亚的阿尔及尔。

(9) -i(前)——是舌尖前不圆唇元音。发音时,舌尖要轻抵下齿背,舌面的前部对着齿龈,不要靠得太近也不要发生摩擦。口腔后部要打开一些。这个单韵母在普通话里只能和 z、c、s 相拼。

单音节:思　词　子　自　呲　死　此　四
双音节:私自　自此　刺字　嗣子　四次
四音节:自高自大　自以为是　理屈词穷　丝丝入扣　慈眉善目

(10) -i(后)——是舌尖后不圆唇元音,发音时舌尖翘起对着硬腭前部,舌头后缩,节制气流,以免摩擦。这个单韵母只和 zh、ch、sh、r 4 个声母相拼。

单音节:知　迟　使　日　吃　时　指　斥
双音节:支持　食指　试吃　时值　日食
四音节:实事求是　指鹿为马　知书达礼　痴人说梦　执迷不悟

（1）清早起来雨渐渐，王七上街去买席。骑着毛驴跑得急，捎带卖蛋又贩梨。一跑跑到小桥西，毛驴一下跌了蹄。打了蛋，撒了梨，跑了驴，急得王七眼泪滴，又哭鸡蛋又骂驴。

（2）一二三四五六七，七六五四三二一，七个阿姨来摘果，七个花篮手中提。七个果子摆七样：苹果、桃儿、石榴、柿子、李子、栗子、梨。

（3）人心齐，泰山移。男女老少齐出力，要与老天比高低。挖了干渠几十里，饱浇了万亩良田地。

纠错秘籍

单韵母的发音辨证

（1）i 和 ü 的发音辨证。

普通话里 i 和 ü 分得很清楚，但有些方言，比如，福建方言和西南的一些地区方言中没有撮口呼韵母。这些方言中的 i 和 ü，全都念成 i，比如，把"女的"念成"你的"，把"白云"念成"白银"。可以用唇形变化的方法来练习这一组音进行辨读，先展开嘴唇发 i，舌位不变，慢慢地把嘴唇撮成圆形，就发出 ü 了。

i 和 ü 的词汇辨读练习如下。

季节——拒绝　意义——寓意　前面——全面

名义——名誉　意见——预见　通信——通讯

（2）o 和 e 的发音辨证。

在东北话等方言里韵母 o 和 e 的发音不分，把 o 韵母的一些字读成 e，而在西南地区的一些方言则把 e 韵母的一些字读成 o。

韵母 o 和 e 的发音舌位大致相同，区别在于发音时 o 的唇形是圆的，而 e 发音时的嘴唇是展开的。可以用唇形变化的办法来练习和掌握这两个韵母的发音方法。此外，学习时还要注意掌握一个规律，即 o 只跟双唇音和唇齿音声母 b、p、m、f 相拼合，韵母 e 却恰恰相反，不能与双唇音和唇齿音声母相拼合。

音节练习如下。

笸箩　广播　拨款　萝卜　菠萝　破落

簸箕　剥除　模范　佛像　默默　博士

为了巩固韵母发音辨证的知识，再来进行一些朗读训练。

在发音时需要注意，要注意对比前后两个词语韵母读音的异同，对照发音位置的变化进行体会。同时可以结合标准示范录音来听辨，自己也可以借助录音设备来进行发音练习。

（二）复韵母

复韵母指的是由两个或三个元音相结合而形成的韵母。普通话中有 13 个复韵母，它们是：ia、ie、üe、uo、ua、ai、ei、ao、ou、iao、iou、uai、uei。根据主要元音所处的位置，复韵母可分为前响复韵母、三合复韵母和后响复韵母。根据韵母的韵头不同,可以分为开口呼、齐齿呼(韵头或韵腹是 i 的韵母)、合口呼(韵头或韵腹是 u 的韵母)和撮口呼(韵头或韵腹是 ü 的韵母)。

复韵母在发音时需要注意:必须有一定的动程,韵头要定型准确,韵腹要饱满圆润,韵尾要归音到位,这样发出的韵母才准确饱满,动听优美。也可以通过古诗词的朗读来练习韵母的发音,在朗读时要注意体会诗词的意境,表达出诗词的主旨和韵味。

1. 前响复韵母

ai、ei、ao、ou 这几个是前响复韵母,也就是前面的元音发得要饱满响亮,后面的元音要归音到相应的位置,但是实际上到不了 i 和 u,它们的发音较轻、较短。

(1) ai——发音时,先发 a 的音,然后滑向 i,气流不中断,读音轻短。

单音节:带 来 在 晒 白 拍 拜 买

双音节:灾害 爱戴 拍卖 白菜 买卖

四音节:塞翁失马 爱憎分明 拍手称快 开门见山 光怪陆离

(2) ei——发音时,由 e 向 i 滑动,气流不中断,发音连续,音由强到弱。

单音节:飞 背 类 内 呸 黑 给 贼

双音节:北美 蓓蕾 妹妹 黑莓 配备

四音节:飞扬跋扈 费尽心机 悲欢离合 废寝忘食 背井离乡

(3) ao——发音时,先发 a 的音,然后舌根上抬,口形逐渐缩圆,轻连上 o,近似 u。

单音节:高 招 老 脑 涛 包 抛 造

双音节:报告 牢靠 号召 报道 早操

四音节:操之过急 少见多怪 老生常谈 劳而无功 报仇雪恨

(4) ou——发音时,先发 o 的音,然后口形收拢,舌根抬高,口形由大圆到小圆。

单音节:偷 走 楼 都 狗 凑 搜 后

双音节:收购 丑陋 漏斗 口头 偷走

四音节:心口不一 臭名远扬 愁眉不展 手忙脚乱 首当其冲

绕口令

① 大妹和小妹,一起去收麦。大妹割小麦,小妹割大麦。大妹帮小妹挑大麦,小妹帮大妹捆小麦。大妹小妹收完麦,高高兴兴去打麦。大妹打小麦啪啪噼,小妹打大麦噼噼啪。

② 化肥会挥发。

黑化肥发灰;灰化肥发黑。

黑化肥发灰会挥发;灰化肥挥发会发黑。

黑化肥挥发发灰会挥发;灰化肥挥发发黑会发挥。

黑灰化肥会挥发发灰黑化肥挥发;灰黑化肥会挥发发黑灰化肥挥发。

黑灰化肥会挥发发灰黑化肥黑灰挥发化为灰;灰黑化肥会挥发发黑灰化肥灰黑发挥化为黑。

黑灰化肥会挥发发灰黑化肥黑灰挥发化为灰;灰黑化肥会挥发发黑灰化肥灰黑发挥化为黑。

③ 爸爸抱宝宝,跑到布铺买布做长袍,宝宝穿了长袍不会跑。布长袍破了还要用布补,再跑到布铺买布补长袍。

④ 尤大嫂去买肉,冉大妈去买油,尤大嫂买肉不买油,冉大妈买油不买肉。俩人集上碰了头,尤大嫂请冉大妈到家吃炖肉,冉大妈请尤大嫂去她家喝蜂蜜白糖加香油。

2. 后响复韵母

ia、ie、ua、uo、üe 这几个复韵母是后响复韵母,前面的韵头要舌位、唇形到位,但都比单发时要短,略暗;而后面的韵腹则要发得较长、较饱满。

(1) ia——发音时,由 i 滑向 a 音,i 发音较短,a 发音较长。

单音节:嗲　俩　恰　夏　甲　家　牙　虾

双音节:下车　下架　画家　假牙　恰恰

四音节:虾兵蟹将　狭路相逢　价廉物美　家喻户晓　恰如其分

(2) ie——发音时,先发 i,再发 e,气流不中断。

单音节:切　节　写　蝶　铁　列　灭　捏

双音节:翘趄　结业　乜斜　贴切　姐姐

四音节:借花献佛　铁面无私　喋喋不休　别开生面　锲而不舍

(3) ua——由 u 开始,舌头位置渐渐降低,到 a 停止,u 的发音紧张短促,a 发音较长且响亮。

单音节:瓜　挎　花　娃　刷　抓　耍　垮

双音节:刷牙　画画　娃娃　花袜　耍滑

四音节:瓜田李下　夸夸其谈　花好月圆　抓耳挠腮　画龙点睛

(4) uo——发音时,由 u 开始,舌头位置渐渐降低到 o 停止,u 的发音紧张而短促,o 的发音较长且响亮。

单音节:多　脱　诺　罗　果　阔　活　说

双音节:做作　蹉跎　硕果　没落　过错

四音节:脱颖而出　过河拆桥　多多益善　络绎不绝　如获至宝

(5) üe——发音时,由 ü 开始,舌头位置渐渐降低,到 e 停止,ü 的发音短促紧张,e 的发音较长且响亮。

单音节:约　雀　决　雪　觉　学　缺　略

双音节:约略　血液　决策　乐章　悦耳

四音节:绝无仅有　雪上加霜　学以致用　略胜一筹　血气方刚

绕口令

① 天空飘着一片霞,水上游来一群鸭。霞是五彩霞,鸭是麻花鸭,麻花鸭游进五彩霞,五彩霞网住麻花鸭。乐坏了鸭,拍碎了霞,分不清是鸭还是霞。

② 杰杰和姐姐,花园里面捉蝴蝶。杰杰去捉花中蝶,姐姐去捉叶上蝶。

③ 王婆卖瓜又卖花,一边卖来一边夸,又夸花,又夸瓜,夸瓜大,大夸花,瓜大,花好,笑

哈哈。

④ 菠萝与陀螺坡上长菠萝,坡下玩陀螺。坡上掉菠萝,菠萝砸陀螺。砸破陀螺补陀螺,顶破菠萝剥菠萝。

⑤ 真绝,真绝,真叫绝,皓月当空下大雪,麻雀游泳不飞跃,鹊巢鸠占鹊喜悦。

3. 三合复韵母

iao、iou、uai、uei 这几个是三合复韵母。韵头、韵腹、韵尾都有,结构完整。在发音时韵头要唇形准确,韵腹要饱满响亮,韵尾要趋向 u 或者 i 的位置,归音到位,完成发音。

(1) iao——发音时,由 i 开始,舌头位置想降低后升高。ao 的发音与前面所讲的相同。总体来说,发音幅度较大,i 的发音是紧张而短促的。

单音节:标 票 秒 掉 鸟 料 交 小

双音节:缥缈 巧妙 疗效 小鸟 叫嚣

四音节:调虎离山 标新立异 交头接耳 脚踏实地 焦头烂额

(2) iou——发音时,先发 i,然后向 ou 滑动,口形由扁到圆。i 的发音位置是紧张而短促的。

单音节:又 九 由 丘 秀 就 求 修

双音节:绣球 舅舅 优秀 求救 流油

四音节:咎由自取 流芳百世 求全责备 有气无力 有求必应

(3) uai——发音时,先发 u,然后向 ai 滑动,舌头位置先降低后升高。u 的发生位置是紧张而短促的。

单音节:乖 快 坏 拽 揣 甩 怪 怀

双音节:怪胎 外快 衰败 甩卖 怀揣

四音节:外强中干 快马加鞭 心直口快 脍炙人口 光怪陆离

(4) uei——发音时,u 的发音轻短,然后滑向 ei,舌头位置先降低后升高,嘴形由圆到扁。u 的发音是紧张而短促的。

单音节:贵 亏 慧 追 翠 岁 嘴 吹

双音节:回归 溃退 醉鬼 水位 回味

四音节:绘声绘色 推波助澜 水到渠成 推陈出新

绕口令

① 门口吊刀刀倒吊着(重复五遍)。

② 一葫芦酒,九两六。一葫芦油,六两九。六两九的油,要换九两六的酒,九两六的酒,不换六两九的油。

③ 槐树槐,槐树槐,槐树底下搭戏台,人家的姑娘都来了,我家的姑娘还不来。说着说着就来了,骑着驴,打着伞,歪着脑袋上戏台。

④ 威威、伟伟和卫卫,拿着水杯去接水。威威让伟伟,伟伟让卫卫,卫卫让威威,没人先接水。一二三,排好队,一个一个来接水。

（三）鼻韵母

由一个或两个元音后面带上鼻辅音构成的韵母叫鼻韵母。鼻韵母共有 16 个，其中前鼻韵母 8 个：an、ian、uan、üan、en、in、uen、ün，后鼻韵母 8 个：ang、iang、uang、eng、ing、ueng、ong、iong。

鼻韵母在发音时尤其要注意辅音韵尾的归音。

其中前鼻韵尾 n，在发音时一定要将舌头抵在齿龈桥处，不然听起来像是别的音。后鼻音 ng 在发音时一定要降下软腭，使气流从鼻腔里面出来。切忌在韵母发音一开始就带上鼻音形成鼻化音，使发音不够准确，也不够饱满动听。

在发鼻音时，要体会鼻腔的振动。

（1）an——发音时，先发 a 音，然后舌尖逐渐抬离，顶住上牙床，气流从鼻腔泄出，发 n 的音。口试是先开后合的。

单音节：安 半 盘 烦 单 谈 咱 站

双音节：参禅 展览 版面 难看 感染

四音节：半路出家 三言两语 按兵不动 安居乐业 暗送秋波

（2）ian——发音时，先发 i，然后过渡到 an，i 的发音很短，舌头位置略高，开口较小。

单音节：边 片 棉 电 天 显 件 前

双音节：天边 电线 简便 年限 鲜艳

四音节：变幻莫测 恋恋不舍 先声夺人 颠沛流离 天涯海角

（3）uan——发音时，先发 u 音，再向 an 滑动。

单音节：端 团 暖 乱 捐 选 钻 赚

双音节：贯穿 转换 宦官 婉转 专款

四音节：冠冕堂皇 轩然大波 欢欣鼓舞 源远流长 全力以赴

（4）üan——发音时，先发 ü，然后过渡到发 an，ü 的发音很短暂，发 an 时比单独发 an 音时舌头位置略高，开口较小。

单音节：卷 全 选 绢 劝 炫 倦 犬

双音节：厌倦 烟卷 缱绻 全权 宣传

四音节：全心全意 鸡犬不宁 喧宾夺主 南辕北辙 怨声载道

（5）en——发音时，先发 e 的音，然后舌面抬高，舌尖抵住上牙床，气流从鼻腔泄出，发 n 的音。

单音节：恩 本 喷 门 怎 岑 森 真

双音节：本分 沉闷 认真 人参 深沉

四音节：身临其境 奋不顾身 纷至沓来 分道扬镳 程门立雪

（6）in——发音时，先发 i 的音，然后舌尖抵住下面齿背，舌面渐至硬腭，气流从鼻腔泄出，发 n 的音。

单音节：音 彬 品 民 今 勤 信 林

双音节：亲近 金银 濒临 殷勤 信心

四音节：彬彬有礼　心心相印　隐姓埋名　引人注目　博古通今

（7）uen——发音时，双唇撮起，舌位由 u 开始向前方 e 方向移动，舌面前部迅速抬起与上齿龈接触，阻塞气流，传入从鼻腔通过，双唇由圆变为略展。

单音节：温　棍　坤　魂　轮　顿　吞　尊

双音节：伦敦　军魂　乾坤　馄饨　春笋

四音节：茅塞顿开　滚瓜烂熟　温文尔雅　寸步不离　稳中求进

（8）ün——发音时，先发 ü 的音，然后舌头上抬，抵住上牙床，气流从鼻腔泄出，发 n 的音。

单音节：晕　军　群　讯　俊　逡　寻　云

双音节：逡巡　军训　均匀　云彩　搜寻

四音节：循序渐进　循循善诱　训练有素　群策群力　运用自如

（9）ang——发音时，先发的 a 音，然后舌根抵住上软腭，气流从鼻腔泄出，发后鼻音尾 ng 的音。

单音节：昂　帮　郎　胖　当　棠　脏　张

双音节：帮忙　肮脏　张扬　徜徉　党章

四音节：纲举目张　当之无愧　不卑不亢　畅所欲言　大张旗鼓

（10）iang——发音时，在 ang 的前面增加一段由 i 开始的发音。

单音节：羊　良　将　强　想　辆　香　娘

双音节：想象　强项　长江　奖项　酱香

四音节：枪林弹雨　强词夺理　将功折罪　量力而行　将计就计

（11）uang——发音时，在 ang 的前面增加一段由 u 开始的发音。

单音节：网　光　黄　况　壮　床　爽　装

双音节：光芒　状况　狂妄　双簧　汪洋

四音节：光天化日　亡羊补牢　狂妄自大　旷日持久　壮志凌云

（12）eng——发音时，先发 e 的音，然后舌尖抵住下牙床，舌根后缩抵住软腭发 ng 音，气流从鼻腔泄出。

单音节：崩　朋　梦　更　灯　铿　冯　增

双音节：郑重　风筝　丰盛　凶猛　奉承

四音节：阿谀逢迎　成竹在胸　瞠目结舌　模棱两可　成人之美

（13）ing——发音时，舌尖触下齿龈，舌面隆起至硬腭，鼻腔共鸣成声。

单音节：英　丙　瓶　明　订　听　性　景

双音节：英明　明星　征订　听清　菱形　风景

四音节：冰清玉洁　鼎鼎大名　萍水相逢　惊天动地　英明果断

（14）ueng——发音时，先发 u 的音，接着发 eng，由 u 和 eng 的音紧密结合而成。

单音节：翁　嗡　瓮　蓊

双音节：老翁　嗡嗡　水瓮　蓊郁

多音节：瓮中捉鳖　不倒翁

(15) ong——发音时,先发 o 的音,然后舌根后缩抵住软腭,舌面隆起,嘴唇拢圆,鼻腔共鸣成声。

单音节:冬 同 弄 龙 总 种 虫 松

双音节:隆冬 隆重 龙种 冲动 共同

四音节:林林总总 来龙去脉 不共戴天 耸人听闻 弄假成真

(16) iong——发音时,在 ong 的前面增加一段由 i 开始的发音。

单音节:永 窘 熊 琼 用 泂 穹 胸

双音节:汹涌 隆胸 臃肿 苍穹 炯炯

四音节:汹涌澎湃 永不言败 永垂不朽 用兵如神 庸人自扰

绕口令

(1) 水上漂着一只表,表上落着一只鸟。鸟瞰表,表瞪鸟,鸟不认识表,表也不认识鸟。

(2) 半边莲,莲半边,半边莲长在山涧边。半边天路过山涧边,发现这片半边莲。半边天拿来一把镰,割了半筐半边莲。半筐半边莲,送给边防连。

(3) 杨家养了一只羊,蒋家修了一道墙。杨家的羊撞倒了蒋家的墙,蒋家的墙压死了杨家的羊。杨家要蒋家赔杨家的羊,蒋家要杨家赔蒋家的墙。

(4) 天上七颗星,树上七只鹰,梁上七个钉,台上七盏灯。拿扇扇了灯,用手拔了钉,举枪打了鹰,乌云盖了星。

(5) 王庄卖筐,匡庄卖网,王庄卖筐不卖网,匡庄卖网不卖筐,你要买筐别去匡庄去王庄,你要买网别去王庄去匡庄。

(6) 老翁卖酒老翁买,老翁买酒老翁卖。

(7) 冲冲栽了十畦葱,松松栽了十棵松。冲冲说栽松不如栽葱,松松说栽葱不如栽松。是栽松不如栽葱,还是栽葱不如栽松?

(8) 那边划来一艘船,这边漂去一张床,船床河中互相撞,不知船撞床,还是床撞船。

(9) 大帆船,小帆船,竖起桅杆撑起船。风吹帆,帆引船,帆船顺风转海湾。

(10) 孙伦打靶真叫准,半蹲射击特别神,本是半路出家人,摸爬滚打练成神。

(11) 军车运来一堆裙,一色军用绿色裙。军训女生一大群,换下花裙换绿裙。

(12) 圆圈圆,圈圆圈,圆圆娟娟画圆圈。娟娟画的圈连圈,圆圆画的圈套圈。娟娟圆圆比圆圈,看看谁的圆圈圆。

(13) 小涌勇敢学游泳,勇敢游泳是英雄。

纠错秘籍

前后鼻韵母辨证

由于很多方言的发音都存在前后鼻音不分或者对调的问题,所以前后鼻韵母的辨证是韵母辨证最主要的内容。

普通话有两个鼻音韵尾：-n 和-ng,它们构成 7 对鼻韵母。

但是很多方言里并不分-n 和-ng。有的有-n 无-ng,有的有-ng 无-n,其中,以 en-eng、in-ing 两对鼻韵尾相互混淆的最多。另外,an-ang、uan-uang 不分的也不少。

此外,有些方言区还存在-n、-ng 弱化为鼻化元音的现象。还有些方言区前后鼻韵母合为一组,读音既不像 n,也不像 ng 的舌面鼻音。所以,正确区分-n 和-ng 是解决上述种种问题的基础。

第一,要认识与掌握正确的-n 和-ng 发音的方法。-n 是舌尖中鼻音,发音时用舌尖顶住上齿龈形成阻塞,闭住口腔,使气流完全从鼻腔中透出,同时声带振动,发出鼻音。-ng 是舌根鼻音,它的发音部位和 g、k、h 相同。发音时用舌面的后部顶住软腭,让气流从鼻腔里流出,同时声带振动,发出鼻音。练习时,舌面后不要离开软腭,可让声音延长下去。-n 和-ng 的发音方法相同,主要区别是发音部位不同。

第二,发鼻韵母时,发音过程要清楚、完整。读某一个具体的鼻韵母时,从元音发音状态过渡到辅音发音状态的过程要清楚;收尾辅音必须到达阻塞部位。比如,an 和 ang 的发音。要先拉长声音念。不要中断,舌头向前伸,使舌尖到达上齿龈,发出鼻音,就称为 an;同样的道理,拉长声音读,舌头向后抬高,使舌面后部到达软腭,出现鼻音,就称为 ang。

三、声调练习

声调是字正之本,被称为一个音节的"字神"。

汉语普通话是有声调语言,在表达时抑扬顿挫,音高变化丰富很有音乐感,悦耳动听。所以,练习普通话的发音,掌握正确的、抑扬顿挫的声调,才能使语言表达富有神采和感染力。

普通话的声调在汉语中占有极为重要的地位是一个与音高相关的概念,指的是在发音时的相对音高变化。音高变化是由控制声带的松紧决定的。声带越紧,声调越高;声带越松,声调越低。

声带先松后紧,声音就由低变高;声带先紧后松,声音就由高变低。现代汉语普通话有 4 个声调：阴平、阳平、上声、去声。它们都有相对应的调值,如图 6-1 所示。

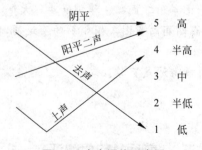

图 6-1　声音调值示意图

阴平调值是 55。阴平调值是整个调域中最高的,所以它被称为高平调,在发音时一定要发到足够的高度,避免声调过低,听起来懒散,无精神。

阳平调值是 35。阳平是上升调,对语流的抑扬顿挫起着关键的作用。所以在发音时应该尽量使扬的幅度变大,升扬到位,以保证发音准确、提神。

上声调值是 214。上声是拐调,也被称为降升调。在发音时变调规律丰富,是比较难掌握的一个声调。初学者很容易犯的错误是音节的后半部分上升不到位,使发音听起来不完整,自然也就丧失了应有的美感。所以在发上声时,一定要发完整,低处不压,自然。尾处扬升到位,听来完整、自然、优美。

去声调值是 51。去声是 4 个声调中跨度比较大的一个声调,也被称为全降调。在发音时要注意高起、夸张、完整,如图 6-2 所示。

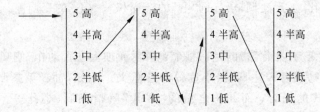

图 6-2 声音调值示意图

声调是语流的灵魂。声调准确到位、抑扬顿挫、变化丰富。在练习时可以找一些经典的古诗词或者成语进行夸张练习,练到十分,用到八分,才能使语流听起来流畅、自然,如汩汩清泉流入心中。

夸张四声练习:在发音练习时,要将四音节中的每个字拉长,并将每个声调发到应有的高度和音程。使音节听起来起伏多变、抑扬顿挫、有神采、有感染力。

千锤百炼	风调雨顺	花红柳绿	山盟海誓	光明磊落
山河美丽	资源满地	天然宝藏	中流砥柱	山明水秀
身强体健	精神百倍	阴阳上去	阶级友爱	山穷水尽
百炼成钢	排山倒海	名不虚传	斗志昂扬	丰功伟绩
谈笑风生	宁死不屈	老当益壮	光彩夺目	慷慨激昂
豪言壮语	锦绣河山	气壮山河	心潮澎湃	朝气蓬勃

 综合练习

四 声 歌

学好声韵辨四声,阴阳上去要分明;

部位方法须找准,开齐合撮属口形;

双唇班报必百波,舌尖当地斗点丁;

舌根高狗工耕故,舌面积结教坚精;

翘舌主争真知道,平舌资则早在增;

擦音发翻飞分复,送气查柴产彻称;

合口呼午枯胡古,开口呼坡歌安康;

撮口虚学寻徐剧,齐齿衣优摇业英;

前鼻恩因烟弯稳,后鼻昂迎中拥声;

咬紧字头归字尾,阴阳上去记变声;

循序渐进坚持练,不难达到纯和清。

四、语流音变

说话时,在语言源源不断地向前推进、流动的过程中,音节和音节之间会相互影响,使某些音节前面或后面的音的发音发生变化,这是普通话语音表达的重要规律之一。普通话的语流音变主要有儿化、上声变调、语气词"啊"的音变和"一、不"的变调等。

1. 儿化

普通话语流音变的"儿化"指的是在某个音节后面加上卷舌动作,使其成为儿化音,用来形容某些特殊的事物或者表达喜爱、小称等特殊意义。比如,"眼"就指眼睛或者比较大的洞,或用在比较正式的场合;而儿化之后的"眼儿"就指小洞、小孔等。常用儿化音练习如下。

小孩儿　小狗儿　小桌儿　小凳儿　小伙儿　小花儿　小草儿　小树儿

小鸟儿　小熊儿　小猫儿　小梨儿　小瓮儿　小鸡儿　小碗儿　小罐儿

小鸭儿　小猪儿　小杯儿　小洞儿　小瓶儿　小丁儿　小青蛙儿　围脖儿

小本儿　小叶儿　小雀儿　小盘儿　小鱼儿　小胖儿　小事儿　小姑娘儿

拔丝儿　墨汁儿　写字儿

2. 上声变调

上声变调是汉语普通话语流音变中比较复杂的一种音变。

上声本调是214。在单个音节发音和处在句尾时保持本调不变。

在阴平、阳平、去声前的上声变调变为211,也就是"半上"。

两个上声连读,第一个变调为阳平35。

日本　环岛　精彩　大海　很好　北京

海湾　彩灯　野花　沈阳　伪娘　济南

3. 语气词"啊"的音变

(1)"啊"字单念时读 a。但是在语流中会受到前音韵尾的影响发生音变。

啊! 祖国,我的母亲。

啊? 你怎么能这样做?

啊,我知道了!

(2) 在 a、o、e、i、ü 等韵尾的影响,变为 ya。

她啊!

你别啰唆啊!

我想吃个萝卜啊!

每天要快乐啊!

你去不去啊!

（3）在 u、ao、iao 等音节后，读 wa。

这个人真好啊！

记得买票啊！

原来你是她姑姑啊！

（4）在鼻音韵尾 n 后，读 na。

天空多蓝啊！

你要小心啊！

（5）在后鼻音韵母 ng 后，读 nga。

这姑娘真漂亮啊！

可别刮风啊！

真没用啊！

（6）在舌尖元音-i（前）后，读 za。

赶紧写字啊！

你去过上海几次啊？

（7）在舌尖元音-i（后）后以及儿化音 er 后，读 ra。

孩子，赶紧吃啊！

你好开心，有什么好事啊？

4."一、不"的变调

（1）"一"的本调是阴平。在充当序数词以及位于句尾时，不变调。

第一　十一　五一　统一

（2）在阴平、阳平、上声前，变调为去声。

一封　一般　一瓶　一年　一本　一口

（3）在去声前，变调为阳平。

一定　一贯　一去不复返

（4）"不"的本调是去声。在阴平、阳平、上声前，发音为去声。

不吃　不喝　不行　不平　不想　不好

在去声前，变调为阳平。

不要　不去　不信　不漂亮

案例

女人永远是最佳辩手

陈　铭

今天要跟大家分享的是一个关于女人和辩论的故事，名字叫作《女人永远是最佳辩手》。我在辩论的赛场上拿过世界冠军，拿过全程最佳辩手，也算得上是小有收获。

但是，说实话有一件事情真的非常丢人，但是在这里我必须向在座所有人坦白。就是在生活的辩场上，有那么一个人，我是从来都没有赢过，那个人就是我的老婆。所以不知道在座各位会怎么想，但是我本人是发自内心深处赞同一句话："女人永远是最佳辩手。"

但是凡事总有原因，为什么呢？后来我开始琢磨琢磨琢磨，我找到了第一层原因：男人总是输，那是因为男人总是讲道理。我有一个饱经沧桑和血泪的小小忠告，告诉在座所有的男士，就是当你面对女人的时候，你永远、永远不要试图讲道理，因为她们会坚信你解释就是掩饰，掩饰就是欺骗的开始。

我老婆有一次，她看中了一款包，她就把我拉过去，她想买，大家都知道全世界所有的女人喜欢的包只有两个特色：第一美；第二贵。当然女人会比较关注它的前者，男人呢，只能关注后者。所以我老婆一直在看那个包的时候，我也在一直在看那个包的价签，我在数个十百千。

我当时数着数着我崩溃了，我赶紧把她拉到一边，我背着这导购把她拉到一边，我得说服她，我说："老婆，你知道咱们中华民族五千年最美的传统美德是什么吗？勤俭节约呀；你知道当今中国经济最欠缺的精神是什么精神吗？是支持国货呀。你看看这个包，你看看这个包的价格，你知道它成本只有多少吗？你知道它利润翻了多少倍吗？你冷静一下，你跟我一起深呼吸，你想想看，我们家庭现在的经济情况，我们的收入状况，你现在买这么一个包它理性吗？它负责吗？它是个现在我们应该有的选择吗？你这么漂亮一个大姑娘，你拎着这么一个包走在路上你遭贼惦记呀，你拎着这么一个包去单位你遭人妒忌呀，你考虑过单位和谐吗？你考虑过人际关系吗？你考虑过你办公室大妈的感受吗？"

我当时说实话，我上到民族情怀、消费理念，下到买这个包的性价比、收现比、收益比、风险比、收支状况对比，我慷慨激昂，鞭辟入里，我自己都已经快被我自己的沉稳跟理性征服了，然后、然后她只是看着我，眨巴着她的大眼睛，然后她问我说："是你的那些道理重要，还是我重要？（傻了吧）你说呀、说呀、说呀、说呀，你的那些叽叽咕咕、滴滴答答的臭道理、烂道理都比我重要一千倍、一万倍对不对。在你心里，我根本就不重要对不对，你根本就不爱我了，对不对？你之前要娶我的时候说的那些你爱我、你爱我都是骗人的对不对，你根本就不爱我了，对不对？"真的，她的眼泪当时已经快要飙出来了。

各位，在座的各位，你说这个时候你除了宣布她是最佳辩手并且掏出银行卡给她颁奖之外，你还有任何其他的选择吗？

这是我总结的第一层原因，然后我往下深入的踏了一步，完了，我发现了事情的真相，女人永远是最佳辩手，就是因为女人根本就不是辩手啊，亲们，她们是评委呀，她们是在你们感情生活中判断对错输赢，选择最佳辩手的评委和导师呀。

对不对，李咏老师，是不是？很多时候如果您跟老婆有时候发生了争执，万籁俱寂的夜晚，您看向身边的爱人的时候，有没有一种看着导师甚至是看着导演的这种感觉，对不对。当然对于我本人来讲，我是个辩手，作为一个辩手，大家想一想，还有比发现你的对方辩友其实是评委更深的悲哀吗？就在这一份浓的不能再浓的悲哀当中，突然有一个全新的观点，让我一下是灵台透亮，豁然开朗。

大家想一想，作为一个男人，咱们输，咱们输掉了一生的比赛，可是咱们赢，赢得了什么呢？那是一颗可爱的、俏皮的甚至有一点点蛮横的，但是从不遮掩、从不伪装的少女的心啊。这个世界上，还有什么比一颗愿意陪伴你到终老的、真诚的少女的心更宝贵的东西呢？所以人生的辩场上，女人永远是最佳辩手，男人总是输，女人总是赢，那只是因为——爱！

思考与练习

1. 普通话的定义是什么？在普通话中有多少个声母和韵母？声调有几个呢？

2. 如果你的前鼻韵和后鼻韵存在问题，该如何改变呢？

3. 课后语音练习。

① 对比朗读易错词语。

b-p	逼迫	背叛	宾朋	编排	不怕	鞭炮	布匹
p-b	批驳	瀑布	陪伴	旁边	拼搏	疲惫	普遍
b-m	帮忙	保密	被面	避免	表明	部门	白描
m-b	幕布	脉搏	毛笔	弥补	面包	民兵	目标
m-p	冒牌	毛坯	门牌	蒙骗	名篇	木排	马匹
z-zh	在职	杂质	载重	增长	资助	自治	自重
zh-z	札子	张嘴	种族	帐子	沼泽	振作	渣滓
c-ch	财产	草场	猜出	采茶	彩绸	餐车	残春
ch-c	车次	场次	唱词	蠢材	纯粹	差错	陈词
s-sh	三十	桑葚	丧事	扫射	四书	死水	四时
sh-s	上诉	哨所	山色	生死	深邃	声速	神思
f-h	发挥	分红	返回	犯浑	废话	奉化	防护
h-f	何方	和风	红枫	化肥	荒废	豪放	活佛
n-l	努力	女郎	奶酪	奴隶	年轮	能量	逆流
l-n	六年	老年	冷暖	烂泥	连年	老农	留念
g-j	改建	改进	干净	赶紧	感激	感觉	稿件
j-g	籍贯	激光	几个	加工	价格	兼顾	间隔
k-q	考取	可取	恳求	空气	开启	矿泉	看轻
q-k	期刊	千克	情况	顷刻	气孔	穷苦	青稞
h-x	海霞	害羞	环旋	航行	好像	核心	幻想
x-h	先后	鲜红	相互	学会	雄厚	型号	下滑

② 读准对比词语。

ai-ei	百步—北部	成败—成倍	拜望—备忘	来迟—雷池
uai-ui	拐子—鬼子	怀抱—回报	怀化—绘画	野外—野味
ao-ou	思潮—丝绸	导师—都是	稻子—豆子	镐头—狗头
iao-iu	交错—纠错	脚气—酒气	铁锹—铁球	瞧见—求见
an-ang	板球—棒球	出产—出厂	鸡蛋—激荡	女篮—女郎
uan-uang	传单—床单	观照—光照	微观—微光	机关—激光
ian-iang	剑南—江南	内奸—内江	莲蓬—凉棚	拜见—拜将

en-eng	春分—春风	盆子—棚子	深化—生化	真相—正像
in-ing	金条—荆条	民事—名士	风琴—风情	留心—流星
i-ü	分机—分居	长期—厂区	离子—绿字	细线—虚线
ie-üe	解决—学界	谢绝—节略	美协—美学	确切—血液
ia-ie	加入—介入	边卡—并且	下达—鞋带	碟片—底盘
ie-i	别针—逼真	撇开—劈开	消灭—泄密	鸭子—叶子
ua-uo	刮风—国风	跨步—阔步	抓紧—拙见	牙刷—演说
ou-e	打斗—道德	齐头—奇特	楼宇—乐园	沟渠—歌曲

第七章 用气发声技巧

➡ 学习目标

（1）通过气息控制的学习，了解到气息在演讲中的作用以及正确的气息控制能够使语言表达的效果事半功倍；

（2）掌握气息与情感的关联，能够将情声气的运用结合；

（3）掌握偷气、抢气的技能。

✍ 技能要求

（1）掌握吸气、呼气、腹肌、膈肌的控制技巧；

（2）能将气息控制方法自然地运用到演讲中；

（3）了解演讲中气息运用的要求以及演讲中的呼吸方式，掌握胸腹联合式呼吸方法。

第一节　如何呼吸

一、呼吸的基本原理

发声的要求是准确规范，清晰流畅；圆润集中，朴实明朗；刚柔并济，虚实结合；色彩丰富，变化自如。演讲是有声语言表达中重要的一部分，无论是催人泪下感人至深的演讲，还是娓娓道来的陈述，正确的发声方法都能够提高语言表达的效果和感染力。

在发声练习中，首先要明确由于每个人的发声条件不同，每个演讲者的声音都有自己的特色和个性，只能在自己发声条件的基础上提高拓展，用好自己的声音。

发声学习中要注意纠正不良的发声习惯或者补充原有的不足，而不是从根本去改变自己的声音或者盲目模仿他人的声音。演讲是说话的放大，因此演讲的方式与个体说话的方式是基本吻合的。

例如，李敖在北京大学的演讲，俞敏洪的演讲，这些演讲者并非语言表达技巧非常突出或者语音有多么标准，但是自然的表达方式是值得提倡的。

其次，在了解发声生理基础的前提下了解发声的动程。"廉价的宣传品，有声的文章，多波澜的流水",这 3 句话常被用来形容演讲,从语言表达的角度去概括,演讲是语言和动作相配合来进行表达的一种表达形式。

简单归纳演讲的发声过程同所有的有声语言表达一样,是由呼吸、发声、共鸣、咬字 4 个环节组成,即气息振动声带,声波经咽腔、口腔、鼻腔共鸣扩大美化,再由口舌腭协调动作,产生不同声音。

最后,要了解气息控制的重要性。任何一种蕴涵艺术性的活动,都有其独特的物质传达手段,形成自己特殊的规律来揭示着自身活动的本质特点。作为演讲的传达手段主要有有声语言、态势语言和主体形象 3 部分,有声语言与态势语言在传播效果的分布上大约是 55% 和 45%。

在安徽卫视《超级演说家》节目中,刘媛媛《寒门贵子》的演讲中,态势语言不够好,但是有声语言的控制是很到位的,以真挚的情感和精练的语言表达弥补了手势缺乏指向性的不足,获得了很好的反响。

掌握正确的气息控制技巧的必要性不言而喻。唐代段安节在他的《乐府杂录》中说过:"善歌者必先调其气,氤氲自脐出至喉,乃噫其词,即分抗坠之音。既得其术,即可致遏云响谷之秒也。"那么,演讲中气息的具体控制要求如下。

1. 气息运用的基础要求是"深、匀、通、活"

(1) 气息控制基本要领和感受。

呼出的气息是人体发声的动力,声音的强弱、高低、长短以及共鸣的运用与呼出气息的速度、流量和密度都有直接的关系。气流的变化关系到声音的响亮度、清晰度以及音色的优美圆润、嗓音的持久性及情感的饱满充沛,也就是说,只有在呼吸得到控制的基础上才能谈到声音的控制。

呼吸的作用还不仅仅限于作为发声的动力,它还是一种极重要的表达手段,是情和声之间必经的桥梁,要使声音能够自如地表情达意,那么我们必须学会呼吸的控制和运用。

稳定、持久、自如的气息控制能力。气息运用的要领方面,京剧表演艺术家程砚秋曾说过:"气沉丹田,头顶虚空,全凭腰转,两肩轻松。"丹田原是武学用词,在有声语言表达和歌唱中都借鉴这一用词,丹田位置在脐下三指。

在具体运用中,歌唱家郭兰英很直观地形容了气息运用时的感觉:"唱得时候小腹是硬的,唱得越高,小腹越硬。"在有声语言表达中,也是要体会到小腹壁立,提臀拎腹的感觉去发声才会找到准确的位置,获得通畅的气息。

吸气量的控制要求:吸气是变化的,气息是运动的,只要气不浮就足够了。

吸到肺底——吸气要深,要有吸到肺底(相当于上衣最下面一个纽扣位置)的感觉。此时膈肌下降,使体内积蓄较多的空气。

两肋打开——吸气时,在肩胸放松的情况下从容地打开下肋,一般感觉左右展开的幅度大于前后,后腰大于腹部。此时还有种感觉是后背与衣服贴得有点近了。

腹壁"站定"——在进气的同时,腹部的肌肉应向上下腹的中心位置收缩,腹壁保持不凸不凹的"站定"状态。

（2）演讲中的呼吸方法。

演讲过程中，要想获得持久的控制力和稳定的气息压力必须掌握胸腹联合式呼吸法。顺畅均匀、深浅适中、运用自如。人的呼吸气管是由呼吸道、肺、胸廓和有关肌肉、横膈膜和腹部肌肉组成的。胸腹联合式呼吸法是胸腔、横膈膜及腹部肌肉控制呼吸的能力得到合作，不但扩大胸腔的周围径而且扩大胸腔的上下径，因而能够吸入足够的气息，气息的容量大。

另外，由于能够稳定的保持住两肋及横膈膜的张力和来自小腹的收缩力量形成均衡的对抗，有利于形成对声音的支持力，这种呼吸方法容易控制呼吸，而且具有容易操纵和支持声音的能力。呼吸方法一般可分为胸式呼吸、腹式呼吸和胸腹联合式呼吸法。

三种呼吸方法的对比如下。

① 胸式呼吸。

特点：吸气时肩上耸，上胸围增加。

弱点：气流量少，气流弱，变化少，难控制，位置高，气息较浅，声音比较尖，声音强度不大，声音变化幅度小。

② 腹式呼吸。

特点：腹部凸起，靠膈肌升降完成，胸廓周围基本不变。气流多，强度大。

弱点：气息深、重、低、沉。气虽然能吸得比较深，但是进气量不够大。

③ 胸腹联合式呼吸法。

特点：气息量足，容量大，支撑力强。

要想掌握胸部腹合式呼吸法的要求，首先在于抓住符合要领的实际感觉，并且要有量的保证，达到一种自动化的状态。吸气的时候要注意吸气要深、两肋打开、腹壁站定。这3条要领是吸气动作的分解，实际上它们是在吸气的过程中同步进行。

呼气的时候要把握住稳进、持久和变化。在换气的时候则要注意在句首换气，换了就用，留有余地和吸气无声。总起来说，应该把发声时呼气的控制放在首要位置，因为吸气换气都是为了呼气发声服务的。

在吸气的时候胸廓扩张，同时胸部和腹部相隔的那层膈肌也收缩下降，腹腔里的脏器位置也下降，腹腔内压升高，腹壁稍微向外突出。相反呼气的时候，胸廓缩小，膈肌放松上升，腹腔中的内脏复位，腹壁收回。

有资料表明，一个人在平静状态下呼吸活动进行的气体交换有25%是来自肋骨的活动，而75%是靠膈肌的活动，因此膈肌运动完成呼吸活动，对维持生理需求是起着举足轻重的作用。

可以靠着腹肌的收缩来改变腹腔的内压，从而控制膈肌的升降，而这个控制过程是靠腹直肌、腹斜肌等的协同动作来完成的，而作用力的合力的中心就是所说的丹田了。

能对腹肌调节控制做到适度、灵活、自如就会使呼出气息的压力、流量、流速产生多层次的交差变化，才有可能形成有弹性的发声机能活动，才能自如地控制音长、音强、音色的变化以及控制节奏的变化和共鸣的位置，才能自如地表达传递运动当中的思想感情。

胸腹联合式呼吸法总的感觉应该是吸气的时候小腹微收,随着气流从口鼻吸入,两肋向两侧扩张,同时感觉腰带渐渐紧起来,小腹控制逐渐加强。呼气的时候保持住腹肌的收缩感以牵制膈肌和两肋使它们不能迅速回弹,随着气流的缓缓呼出,小腹逐渐放松,但是最后仍然要有控制的感觉,而膈肌和两肋则在这种控制的感觉之下逐渐恢复自然状态,在发声状态当中腹肌控制的强弱是随着思想感情的运动在不停地运动和变化的。

在播音发声当中,播音员、节目主持人采用坐姿比较多,这时候应该注意胸要稍稍挺起,腰不要向后塌,两肩不要向上耸,有播音桌的时候要注意调整好和座椅的相对高度,不要有用胳膊支起双肩的感觉。

吸气量比生活用气要多,但是又不要吸得过满,吸得过满了则很难控制使用,一般是达到七八成就可以了,但是要吸得深,感觉气流通过脊背向后腰及下胸部和两肋流入,逐渐的整个腰部都有明显扩张的感觉,有一种自上而下、由里而外扩张的力量。

2. 不同的传播渠道和传播情境中气息控制的调整

演讲活动包含 4 个部分:演讲的主体即演讲者;演讲的客体即听众;演讲的媒介即传播渠道;演讲的情境。演讲的媒介和情境是可变的、可调控的也是能直接影响演讲效果的因素。

气息的重要性多次被阐述:气者,音之帅也。气息的作用在于能够控制声音的强弱高低和长短大小,气流关系到声音的响亮清晰。尤其在无话筒或听众较多,场地较大的情况下,气息和共鸣会直接影响演讲效果。

如果音量过大需要增大用气量,加大发声器官的紧张度,话剧表演中不使用话筒的情况下,要求音量放大,保证剧场距离舞台最远的听众能够听到。如果音量过小对比度就差,演讲效果差,在嘈杂的环境中尤其要控制音量,同时发声音量变化的幅度一定要掌握好,变化幅度过大了会影响声音的清晰度。但是有些演讲者语言太平淡表现力差,有时也包含音量变化的幅度太小了而弱化感情的起伏。

在使用话筒进行演讲时,由于声音是通过传输设备利用电波进行传递的,所以发声时要求声音集中、均匀、对比适度,纯净度高。音量的要求是强度不高,幅度不大,但是层次要多,在面对话筒运用电声设备,音量大小的要求没有绝对的标准,音高音强变化幅度不要过大,但是在其他声音背景当中应该具有比较强的穿透力。

在追求亲切自然的声音的时候,要正确地把握呼吸的控制,否则会导致语音的含混,长时间的、不科学的呼吸控制甚至会导致发声器官的损伤。对于每一个演讲者来说,由于节目的不同、稿件体裁的不同,甚至演讲者精神状态身体状况的不同,音量大小总是有变化的。

例如,迈克尔·杰克逊在牛津大学的演讲,由于身体状况不佳,气息的控制就相对弱。因此在有传播设备进行传播时,要根据每一个人的声音条件和用声习惯来确定,使用比生活当中口语发声音量稍微大一些的音量,这样有利于控制、调整、驾驭自己的声音。

总之,播音发声中对音量的控制应该体现出丰富的层次来,作为表达丰富的思想感情色彩的一种手段,要配合音长以及音高的变化来体现出语言的节奏变化,增加有声语言的表现力。

3. 气息与感情的关联

气息不是单独存在的个体，气息的强弱徐疾与感情相关。"情动而声发。"感情、声音、气息直接的关系在于：气息不仅仅是发声的动力，也是感情与声音之间的桥梁。"气随情动"，声音会随着感情的变化会有相应的变化。

如气息奄奄、有气无力、忍气吞声、气急败坏、气势汹汹这些成语都表达了气息的变化带来的声音、情绪、状态的变化。因此任何一种有声的语言表达中，气息的控制既是发声的基础，也是一种表情达意的技巧。声情联系紧密，有声无情是枯木，情借助声这一载体体现和传达。感情与声音之间是相辅相成的。

清代徐大椿《乐府传声》中论述："唱曲之法，不但声之宜讲，而得取之情为由重。"还说："盖声者，众曲之所尽同，而情者，一曲之所独易。"只用声音而没有感情，寡淡，索然无味。要求用感情把声音带出来，把作品表达得淋漓尽致。那么怎么样取得这种总体发声的感觉呢？这正是发声所要讲述的问题，大致上可以概括为下面的几句话。

气息下沉，喉部放松；不僵不挤，声音贯通。字音轻弹，如珠如流；气随情动，声随情走。气乃情所致，日常生活语言当中，气息控制的枢纽是感情的运动，俗话说："心平乃气和"，发声是一种全身心的运动。

气息的表现方式是由心理状态来决定的，所以必须对稿件进行认真地理解，深刻地感受，对所说的话题要经过认真的准备，要有深刻的理解，要有鲜明的态度，从而产生强烈的播讲愿望，使感情运动起来，有感而发。如果没有感情的运动，那么呼吸的控制必定是单调、呆板，势必会影响声音色彩的变化，使声音失去弹性。

利用感情调节呼吸的运动是播音发声呼吸控制的最基本的原则，它也是呼吸控制的高级阶段。在训练过程当中，只有通过较为长期的，而且是有意识的训练，熟练地掌握"胸腹联合式呼吸法"的要领，才能够达到控制自如的境地，才能使气息随着感情的运动而运动，这就是"以情运气"了。演讲要求：使人信，使人激，使人动。其中都离不开感情、声音、气息的控制。

演讲要使人信。"使人信"这个目标要求在演讲中要做到情声气高度统一，注意声音色彩的对比，一定要用足、用够、用活，要客观地认识自己的声音，抓住自己声音的特色，逐步确立自己的声音形象。

如高震东的演讲《做人的道理》，他在演讲中以真实详尽的例子，告诉学生爱国是"天下兴亡，我的责任"；爱国是"勿以善小而不为，勿以恶小而为之"。在气息控制和语气方面，不需要太过强的气息控制，只需将合理的论证和独特的观点传递出来即可。

演讲要使人动。演讲必须动之以情，但是并非随便什么感情的注入或者是泛滥、激情的表露都是好的，表面的强烈不等于真实情感，而质朴中也一样存在激动人心。这里主要要看有没有内涵，有没有内韵，是不是发自内心。如果离开内心的真情而无病呻吟，忸怩作态，不仅无艺术的感染力，甚至让人感觉不适。

故意做作出来的假感情，它以哗众取宠、迎合低俗之所好为满足，只能感人一时而不能真正地感染人，使人过耳就忘。同时要在准备演讲稿的过程中不断地根据稿件、话题提供的线索，不断地挖掘新的内容，找出新的感受以促进思想感情的运动。

案例

以下是《我的 1919》中，顾维钧在巴黎和会上的演讲中的片段。

"请看……一张张战争期间的照片，战争期间，中国派往欧洲的华工就达十四万，他们遍布战争的各个角落，他们和战胜国的军人一样，在流血在牺牲。请看这是一张在法国牺牲的华工墓地的照片，像这样的墓地在法国就有十几个，而他们大多来自中国的山东省，他们为了什么，就是为了赢得这场战争，换回自己家园的和平和安宁。"

尽管喜怒哀乐、七情六欲人皆有之，但是同一事物对于不同的人来说，所引起的感情反应不可能没有差异，这里有积极、健康、高尚和消极、颓废、低俗之分，前者和人民群众的感情息息相关，符合时代精神，这样的真实情感和善是相统一的，因而是美的；而后者则是溺于一己之所好，是投合少数人的趣味，是与时代精神相背，既是真实的也是有害的。

案例

以下是《我的 1919》中，顾维钧在巴黎和会上的演讲中的片段。

"牧野男爵愤怒了！他真的愤怒了！姑且就算我偷了牧野男爵的金表，那么我倒想问问牧野男爵，你们日本，你们日本在全世界面前偷了中国的一个山东省，山东省三千六百万人民该不该愤怒！四万万中国人民该不该愤怒！请问日本的这个行为算不算偷窃？！是不是无耻？是不是极端的无耻！

山东是中国文化的摇篮，中国的圣哲孔子、孟子就诞生在这片土地上，孔子，犹如西方的耶稣。山东是中国的，无论从经济上、战略上、还是宗教文化。中国不能失去山东，就像西方不能失去耶路撒冷一样。"

该文本出自电影《我的 1919》，这个片段的背景是：1918 年，历时 4 年的第一次世界大战结束。1919 年年初，中国驻美公使作为本国政府的全权代表赴法国参加巴黎和会。

中国虽然是战胜国，但在和会上却处处受到歧视，野心勃勃的日本政府更企图继承德国在胶东半岛的特权。辩论会上，顾维钧慷慨陈词，从历史、人文等诸多方面阐明中国必须收回山东的严正立场说："中国不能失去山东，就像西方不能失去耶路撒冷一样。"由此获得全世界与全国的一致称赞。表达了中华民族威武不屈的民族精神和蓬勃高涨的爱国激情。

感情被现实所激起还必须被思想所提高，这是问题的一个方面；另一个方面同是积极、健康、高尚的感情，也是丰富多彩、千差万别的，它的表达方式和表现形态也是多种多样的。歌德曾经说过：一棵树上很难找到两片完全一样的叶子，千万个人中也很难找到两个在思想感情上完全协调一致的人，这又体现了每个演讲者特定的感情、气质和个性，也就是不同的格调和风貌。

二、 如何控制气息

想要掌握胸腹联合式呼吸法,首先要在正确发声姿态下和正确理论的指导下进行;其次要有量的保证,持之以恒的练习,认识到语言表达时良好的气息状态的形成不是一蹴而就的。

(一)吸气

吸气练习中首先要保持积极的精神状态,吸气时的要领是口鼻同时进气,将气吸入丹田位置,膈肌下降。身体的具体感觉是小腹收缩,腰部鼓胀。肋部打开的方法可借鉴扩胸运动,找到气息的支撑点,做到"兴奋从容两肋开,不觉吸气气自来"。

(1)"沿纽扣"练习。以上衣的纽扣为标识位置,由最上面的纽扣慢慢将气吸到底部。

(2)闻花香。假设能闻到花的味道,缓缓把气吸入丹田,先以慢速吸入,再自然呼出,一次完成。再重复多次练习。多次练习之后能做到呼吸间隔长,且能及时补气。

(3)人在体力劳动时会有大量的气息吸入呼出,"倒拔垂杨柳"或者搬动重物时候往往要运一口气。

(4)坐在椅子上,上身略向前倾,意识上让空气"沿后背"吸入。这种方法排除了单纯以胸部或腹部用力吸气的可能,容易体会两肋打开的过程及最终形成的姿势。

(二)呼气

有声语言的表达过程是在呼气过程中完成的,所以在这里我们没有过分强调进气量大而只要求有足够的气息,关键还是在于对呼气的控制能力,控制气流以急缓、疏密、均匀等各种方式呼出。

呼气时,并不是完全放松的吐气动作,而是在吸气肌肉群与呼气肌肉群存在对抗力的状态下完成。小腹始终处于微收状态,形成发声时腹部的一个支点。

(1)首先体会自然呼出气流的感觉,假设桌子上有尘土,将其缓缓吹去。

(2)均匀持续地发"a、ai"音。匀速地数数练习:"1、2、3、4、5、6……"保持正确的基本呼吸状态下,慢吸气至八成满,然后,以大约每秒一个数的速度数。要吸一口气数数,中途不换气、不补气,并保证数字之间语音规整、声音圆润集中、音高一致、力度一致;出声则出气,不出声不漏气;开头的数字、气不冲声不紧,近尾的数字气不憋、声不噎;气竭则声停。

注意数数时,声带喉头保持正常发声的通畅感,不因吸气较满呼吸肌紧张而扼喉。一般吸一口气数数持续时间达到30~40秒即完成训练要求。开始练习时,不要单纯追求所数数字的多少,重点应在锻炼呼吸发声的控制力。

(3)数葫芦练习:一口气数20个葫芦,一个葫芦,两个葫芦,慢吸慢呼,数数,延长呼气控制。慢吸慢呼,要求同上一个数数的练习。

(4)练唱舒缓、抒情歌曲,锻炼随旋律乐句延长呼气发声的能力。这个练习是为了训练呼吸控制能力,比如《美丽的草原我的家》等。

(5)出东门,过大桥,大桥前面一树枣,拿着竿子去打枣,青的多,红的少,一个枣,两个枣,三个枣,四个枣,五个枣,六个枣,七个枣,八个枣,九个枣,十个枣;十个枣,九个枣,八个枣,七个枣,六个枣,五个枣,四个枣,三个枣,两个枣,一个枣,这是一个绕口令,一口气说完才算好。

(三) 腹肌力量的练习

在语言表达中,气息的使用达到自动化是理想的状态,腹肌、膈肌的力量是呼吸灵活自如的关键。

(1) 腹肌爆发力的练习:仰卧起坐:将双手放在头下,仰卧,抬起上半身或者仰卧举双腿至胸前。要求不停歇连续做30~50次。

(2) 负重挺腹是指在发声过程中,腹肌与呼吸、发声的配合。有的人腹肌力量不小,但是不会主动与呼吸、发声配合。特别是女性,腹肌参与呼吸的感觉通常不明显。可在小腹上放一本厚书,体会腹肌随深呼吸的收缩、放松。

(3) 端坐举腿是指坐在硬凳前端,双腿伸直,腰腹放松,上身自左向右或自右向左旋转,上身后仰吸气时腹肌或放松、或稍稍"绷紧",上身前倾呼气时,腹肌有意识收缩送气。这个练习的重点在体会呼吸时腹肌的参与感。

(四) 膈肌力量的练习

(1) 膈肌弹发是在传统膈肌锻炼方法"狗喘气"的基础上改进后的练习。膈肌弹发与"狗喘气"的不同:一是变开口为闭口,这样可以减轻气流对喉部的摩擦;二是变无声为有声。

(2) 在呼气的同时弹发 hei 音。膈肌弹发具体练法如下:深吸气后,发出一个扎实的 hei 音。要求喉部、下巴松弛,有前送弹动感。在弹发 hei 时,易出现的问题有:第一,容易出现膈肌弹动和发声不同步,即发出的声音不是由于膈肌弹动发出的,而是用嗓子喊出来的;第二,开始气与声可能会超前,先出气后出声,也可能会落后,即出声了但气尚未弹出等现象。先慢后快,类似于京剧老生的大笑状。

(3) 发 hei、ha、hou 音。多次反复弹发。

(4) 随肌弹发喊操口令:一二三四,一二三四。

三、 气息控制的技巧

(一) 能进行微调,达到自动化

半打哈欠播音发声的特点决定了对呼吸控制的要求,就是能够运用胸腹联合式呼吸法调节气息。

(二) 呼吸间隔长,及时补气

元代燕南芝庵著的《唱论》,在论述气息控制方面对演唱者提出偷气、取气、换气、就气的要求。在演讲时,要能轻松自如地表达长短、繁简不同的句型和深度不同的稿件,为此,必须学会多种不同的呼吸方法。在话筒前比较常见和多用的呼吸方法有以下几种。

偷气,当句子较长,意思不能中断,不允许中间停顿换气时就得偷气。偷气吸得少,动作要快而且小,不能让听众感觉出来,即快而不露换气。一般在一个句子完了之后,可以换口气给自己一个喘息的机会,也给听众一个喘息和思考的时间。一般来说,换气比偷气时间稍长。

补气,句子比较长,中间有逗号等标点或感情要转入高潮,为了表达更激昂的感情,积蓄力量,中间要补气。这个动作和时间比换气要快、要短,比偷气又慢些、长些。

抢气,一般用于感情比较激昂或气势比较大的一句话的开头。用大吸气来表达这种激昂的情感,大吸气有点像"闻"或深呼吸时的感觉,倒吸气,一般要作为一种表达的技巧使用的,以口吸气,并且要发出吸气的声音,多用于表达惊讶、恐怖、悲伤等感情。

提气,不要把气调到上胸部,而是下面要用丹田拉住,上面又好像已把气从丹田提起来或提出来似的。这时的气息控制力比较强,一般播比较振奋的好消息或比较兴奋的内容时,常用提气的方法,但是切忌一激动气就浮上来或吊到嗓子眼上去的毛病,一定要用丹田拉住。

就气,一般多用于感慨、感叹、叹息时,边说边往外大呼气,一口气伴随语言同时一呼而尽,话说完了,气也呼尽了。

综合练习

(1) 单音节字训练。

① 同声韵四声字组合。

吧拔把爸	田南赧难	飞肥斐肺	颏咳可客
多夺躲剁	豁活火货	家央甲价	妞牛钮拗
先贤显现	猪竹煮著	星行醒性	充虫宠冲
挖娃瓦袜	屈渠取去	村存忖寸	汪王网忘
薛学雪谑	晕云允运	嘬昨左座	知直指制
搭达打大	出除楚处		

② 双音节词语声调组合。

阴阴:	播音	芭蕉	包抄	工兵	交通	丰收	插花	粗心	单一	多边	咖啡	撒娇
阴阳:	资源	加强	欢迎	新闻	宣传	新型	相同	心头	羞惭	发言	星球	珍藏
阴上:	发展	充满	艰苦	军礼	开垦	冬笋	骚扰	钢铁	亲口	公款	抽水	根本
阴去:	播送	音乐	单位	通过	经济	夫妇	悲剧	丰富	飞快	山寨	骄傲	封建
阳阴:	南方	国歌	平均	农村	来宾	提纲	悬梯	长江	房间	王冠	围巾	航空
阳阳:	人民	红旗	团结	联合	杂粮	纯熟	芙蓉	洪福	滑头	吉祥	绝缘	来源
阳上:	描写	食品	杂草	平等	伦理	眉眼	迷惘	停止	情网	皮尺	排挤	民主
阳去:	革命	群众	局势	模范	辽阔	同志	豪迈	陶醉	无愧	文字	停止	习惯
上阴:	北京	广播	演出	养伤	纺织	导师	打通	胆汁	海鸥	反击	果汁	火攻
上阳:	朗读	考察	苦寒	垮台	老年	免刑	女儿	脑膜	满足	取决	纺绸	起航
上上:	感想	总理	友好	彼此	表演	鼓掌	演讲	领导	导演	躺椅	体检	瓦解
上去:	想象	广阔	主要	巩固	讨论	诡辩	款待	响亮	险要	演算	稳步	写作

去阴：象征　卫星　列车　认真　办公　四周　降低　越冬　验收　下乡　战争　必须
去阳：要闻　政权　配合　热诚　断层　未来　告别　会谈　到达　地图　治疗　爱情
去上：放手　购买　候补　物品　信仰　况且　入伍　跪舞　制止　大脑　戏曲　历史
去去：陆续　见面　示范　破例　宴会　贺信　万岁　进度　爆破　自传　大概　愤怒
③ 四音节词语声调组合。

阳上去：兵强马壮　飞禽走兽　风调雨顺　优柔寡断　呼朋引伴　金迷纸醉
深谋远虑　千锤百炼　心怀叵测　心直口快　妖魔鬼怪　鸡鸣狗盗　思前想后
孤云野鹤　胸无点墨　身强体壮　高朋满座　瓜田李下
去上阴阳：逆水行舟　妙手回春　遍体鳞伤　背井离乡　破釜沉舟　万古长青
奋起直追　暮鼓晨钟　下笔成章　自以为是　耀武扬威　众寡悬殊
步履维艰　驷马难追　信以为真　木已成舟　调虎离山　覆水难收

（2）结合诗、词训练。

格律诗可以说最能展现汉语声调的音韵美，朗读格律诗时对呼吸的控制要求如下。

第一步，按呼吸控制运动状态与声调结合的要求，用较慢的速度将音节清楚地读出。特别是韵脚音节要读得饱满（声母、韵母、声调都要到位）。

第二步，结合诗的情境、情绪、意境，在朗读时要言有所指、情有所动，积极交流，不能有字无句、有句无意。"声情并茂"是这个练习最终的要求。

① 发花辙。

泊秦淮

杜　牧

烟笼寒水月笼沙，夜泊秦淮近酒家。
商女不知亡国恨，隔江犹唱后庭花。

夜　月

刘方平

更深月色半人家，北斗阑干南斗斜。
今夜偏知春气暖，虫声新透绿窗纱。

② 梭波辙。

咏　鹅

骆宾王

鹅、鹅、鹅，曲项向天歌。
白毛浮绿水，红掌拨清波。

望洞庭

刘禹锡

湖光秋月两相和，潭面无风镜未磨。
遥望洞庭山水翠，白银盘里一青螺。

送孟浩然之广陵

李　白

故人西辞黄鹤楼，烟花三月下扬州。

孤帆远影碧空尽，唯见长江天际流。

③ 言前辙。

出塞·其一
王昌龄

秦时明月汉时关，万里长征人未还。
但使龙城飞将在，不教胡马度阴山。

早发白帝城
李 白

朝辞白帝彩云间，千里江陵一日还。
两岸猿声啼不住，轻舟已过万重山。

枫桥夜泊
张 继

月落乌啼霜满天，江枫渔火对愁眠。
姑苏城外寒山寺，夜半钟声到客船。

望庐山瀑布
李 白

日照香炉生紫烟，遥看瀑布挂前川。
飞流直下三千尺，疑是银河落九天。

④ 人辰辙。

江南逢李龟年
杜 甫

岐王宅里寻常见，崔九堂前几度闻。
正是江南好风景，落花时节又逢君。

送元二使安西
王 维

渭城朝雨浥轻尘，客舍青青柳色新。
劝君更尽一杯酒，西出阳关无故人。

⑤ 江阳辙。

闻乐天授江州司马
元 稹

残灯无焰影幢幢，此夕闻君谪九江。
垂死病中惊坐起，暗风吹雨入寒窗。

润州听暮角
李 涉

江城吹角水茫茫，曲引边声怨思长。
惊起暮天沙上雁，海门斜去两三行。

⑥ 中东辙。

竹枝词

刘禹锡

杨柳青青江水平,闻郎江上唱歌声。

东边日出西边雨,道是无晴却有晴。

秋　思

张　籍

洛阳城里见秋风,欲作家书意万重。

复恐匆匆说不尽,行人临发又开封。

(3) 换气练习。

快速吸气,胸廓感觉像在给气球打气。呼气五六秒后补气:收小腹,口鼻同时进气,两肋张开,然后缓缓呼气;反复十几次,练到每次呼气时可以自如控制为止。

三字经

浑天仪,张衡制,圆周率,祖冲之。

精医道,汉华佗,传织机,黄道婆。

李时珍,编本草,徐霞客,探险奥。

我疆域,广无垠,黄土地,育斯民。

从昆仑,到海滨,山和水,皆可亲。

有五岳,有五岭,或雄峻,或秀挺。

黄河阔,长江长,珠水秀,龙江壮。

数宝岛,首台湾,连大陆,情相关。

古长城,气势雄,古运河,帆樯通。

都江堰,水患息,丝绸路,联西域。

国境内,多民族,究其数,五十六。

百千年,共一家,同携手,建中华。

龙传人,遍海外,赤子情,终不改。

观风云,看世界,进则昌,退则败。

好儿女,细思量,读此经,当自强。

乘长风,冲天起,振中华,齐努力。

绕口令

吃葡萄不吐葡萄皮儿。

班干部不管班干部。

(4) 段落、诗词练习。

① 段落。

你从雪山走来,春潮是你的丰采;你向东海奔去,惊涛是你的气概。你用甘甜的乳汁,哺育各族儿女;你用健美的臂膀,挽起高山大海。我们赞美长江,你是无穷的源泉;我们依恋长江,你有母亲的情怀。

你从远古走来,巨浪荡涤着尘埃;你向未来奔去,涛声回荡在天外。你用纯洁的清流,灌溉花的国土；你用磅礴的力量，推动新的时代。我们赞美长江，你是无穷的源泉；我们依恋长江，你有母亲的情怀。

② 诗词。

满江红
岳 飞

怒发冲冠，凭栏处，潇潇雨歇。

抬望眼，仰天长啸，壮怀激烈。

三十功名尘与土，

八千里路云和月。

莫等闲，白了少年头，空悲切。

靖康耻，犹未雪；

臣子恨，何时灭！

驾长车，踏破贺兰山缺。

壮志饥餐胡虏肉，

笑谈渴饮匈奴血。

待从头，收拾旧山河，朝天阙。

第二节 共鸣的调节训练

演讲中有感染力的声音是准确清晰、圆润动听的，其中的圆润是要有比较丰富的伴音共鸣，声音悦耳动听，即字正腔圆中的"腔圆"。

共鸣控制，简言之就是对喉元音的扩大与美化。声带振动发出的声音叫作喉元音，它是比较微弱的声音，需经过共鸣腔的共鸣以后才得到扩大和美化，形成不同的语音和各种不同的声音色彩。发音体之间的共振现象叫作共鸣。

人体发声的共鸣是指喉部的声带发出的声音，经过声道共鸣器官，引起它们的共振而扩大，使声音变得响亮、圆润、有弹性，且刚柔适度，形成各种不同的色彩。这样的声音传送较远，可塑性大。

人的发音器官是天生的，没有办法改造，只能从使用方法上去找技巧，而人体发音的共鸣腔也是天生的，没有办法改变的，但是可以通过共鸣的调节以及后天的训练加以改善。掌握共鸣的调节是扩大发声效率，改善声音质量的重要环节。

大家都有这样的体会：在越嘈杂的地方，说话越大声，结果声嘶力竭，使嗓子累得要命。其实好的用声者，在声带上使用的能量只占总能量的 1/5，而 4/5 的力量用在控制发音器官的形状和运动上面。在产生共鸣的过程中，共鸣器官把发自声带的声音在音色上进行润饰，使声音圆润、优美。科学调节共鸣器官可以丰富或改变声音色彩，同时起到保护声带的作用，延长声带的寿命。

共鸣在发声中的作用表现在两个方面。

（1）对声音的扩大和美化。

（2）共鸣腔的调节直接参与语音材料的制作，在调节过程中形成不同的语言和表情达意的不同色彩的声音。

人的声道共鸣器官主要有胸腔、口腔、鼻腔等。胸腔共鸣能使声音浑厚、洪亮；口腔共鸣能使声音结实、明亮；鼻腔共鸣能使声音明丽、高亢。在有声语言表达中，一般采取"口腔为主，三腔共鸣"的方式为最佳，用这样的共鸣方式发出的声音，既圆润丰满，洪亮浑厚，又朴实自然，清晰真切。共鸣腔体主要有口腔、鼻腔和咽腔。

口腔后面是咽腔，咽腔上通口腔、鼻腔，下接喉头。鼻腔和口腔靠软腭隔开。软腭上升时鼻腔闭塞，口腔畅通，这时发出的音在口腔中共鸣，叫作口音；软腭和小舌下垂，口腔成阻，气流只能从鼻腔呼出，这时发出的音主要在鼻腔中共鸣，叫作鼻音；如果口腔无阻碍，气流同时从鼻腔和口腔呼出，发出的音在口腔和鼻腔共鸣，就叫作鼻化音（也叫半鼻音或口鼻音），如图7-1所示。

语音是在大脑统一支配下，各发声器官协调运动发出的。人体的发声器官包括动力器官、振动器官和共鸣器官。发声的动力器官是肺，由肺呼出的气息是发声的动力；振动器官是喉头内的声带，它是声源；共鸣器官有喉腔、咽腔、口腔、鼻腔以及胸腔、头腔等。共鸣腔是使声带发出的微弱的声音得到扩大和美化。咬字器官有舌、唇、齿及齿龈、硬腭、软腭等。

在练习共鸣控制的时候，身体姿态要做到以下内容。

（1）脊背挺直而舒展，颈要正，不前探，不后挫；放松颈部肌肉，保持咽道通畅；两肩自然下垂。

（2）胸部不要故意挺出，要自然放松，吸气不要过满。

（3）下颌放松，活动灵便，适当打开口腔，上下槽牙间保持一定距离。

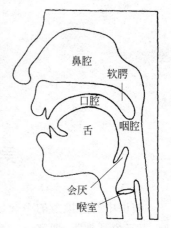

图7-1　人的声道

（4）声带发出的声音要像一条带子。下与气息相连，从小腹抽出，垂直向上，经过咽部，成为一束声流，沿上腭，中线向前，冲击上腭前部，流出口外。

根据人声发音的高低不同，人声共鸣可分成头腔共鸣、口腔共鸣和胸共鸣腔。

演讲时的共鸣特点要以口腔共鸣为主，以胸腔共鸣为基础声道共鸣方式。声道是人类发声的共鸣器官，在喉以上有喉腔、咽腔、口腔和鼻腔，喉以下的胸腔也起着重要的共鸣作用。其中口腔共鸣对于言语发声来说是至关重要的。

没有口腔的活动就不可能产生有声语言。不能发挥口腔共鸣的作用，就不可能使字音圆润动听，而且喉腔、咽腔共鸣以及鼻腔、胸腔共鸣就无从发挥其作用。所以说播音发声的共鸣效应，最主要的就是口腔共鸣，其他腔体的共鸣必须在口腔取得良好共鸣的基础上实现。

共鸣器官包括全部发声系统的空腔：胸腔、喉腔、咽腔、口腔、鼻腔和头腔。练习共鸣腔的功能，首先要保护好声带，呼吸要均匀，减少声带的负担。在谈到共鸣控制的时候，还应该认识到共鸣服从内容和吐字，要很好地掌握真声共鸣，并且要注意与呼吸器官、振动器官运动的协调一致。

要取得良好的共鸣，要有一种精神蓬勃、积极的精神状态。坐着或者是站着的姿势不能松懈，各发声器官不能松懈，共鸣器官也不能松懈。因为在有一定强度和韧性的情况下使用反射声波能力比较强的共鸣腔,才会产生良好的共鸣。

从口腔来说,要保持良好的口腔状态,提起颧肌、挺起软腭、打开牙关,同时还要按照胸腹联合式呼吸法的要求打开两肋。在发声当中两肋要有撑住的感觉,要保持紧张、集中的精神状态,而不是一提胸腔共鸣就使胸部僵成一块的肌肉紧张。一些带押韵的韵母,如 ao、ou、iu 的诗词,在气息通畅的前提下,容易体会到胸腔共鸣的感觉。

一、　口腔共鸣训练

（一）口腔共鸣

口腔共鸣使声音明亮结实、字音圆润动听。它是在吐字的过程当中完成的,不能脱离吐字而单独存在。演讲发声对共鸣的要求首先是保证字音清晰条件下的美化,所以也是要以口腔共鸣为主,泛音共鸣适量;其次是声音不失朴实、自然、大方,所以播音发声要灵活地变化各种共鸣的比重,善于运用胸腔共鸣,并且使用微量的鼻腔共鸣。

要想声音圆润集中,需要改变口腔共鸣条件。发音时双唇集中用力,下巴放松,打开牙关,喉部放松,提颧肌、颊肌、笑肌在共同运动时,嘴角上提。可以通过张口吸气或用"半打哈欠"感觉体会喉部、舌根、下巴放松,这时的口腔共鸣会加大。在打开口腔的时候,同时注意唇的收拢。

"声挂前腭"这一概念在演讲中的运用的整体感觉是:像一根弹性的声柱,有胸部的支持,垂直向上,到口咽部流动向前,挂在硬腭的前部,透出口外。

通过共鸣的调节控制,可以使声音具有高低、强弱、圆展等不同的变化,有助于达到感情和声音色彩的统一。这种调节应该是整体的,任何一种声音的发出都少不了高、中、低音3 种共鸣效应。它们之间的差别仅仅在于多少而已。采用混合统一共鸣发出的声音自然、均匀、流畅,为扩展音域、丰富语言表达能力打下良好的基础。

口腔共鸣使声音、音色明亮清晰、字音亲切。口腔是咬字吐字的主要器官,它作为语言器官的功能往往大于共鸣器官的作用。口腔共鸣比较原始,发声时必须辅以其他共鸣作用才能改善其音色,否则没有艺术表现力。

（二）口腔共鸣练习

双唇用喷法,舌尖用弹法,要有意识集中一点发,似子弹从嘴里喷射出来,击中一个目标,音沿上腭直打到硬腭前端送出。注意,此时鼻咽要关闭,不产生鼻泄漏。

1. 开口元音基础练习

bā——dā——gā　　bā——dā——gā
pā——tā——kā　　pā——tā——kā
bā dā gā pā tā kā
pā tā kā bā dā gā
| bā bá bǎ bà | bā bá bǎ bà
| bā bá bǎ bà | bà
pēng pā pī pū pāi

pāi pū pī pā pēng

2.声母韵母拼合练习

注意双唇塞音 b、p 发音时满口紧张,发得响亮、集中,结合丹田气。

b—a—bā   p—a—pā
b—ai—bāi   p—ai—pāi
b—an—bān   p—an—pān

3.两字词、四字词练习

澎湃 冰雹 碰壁 玻璃
头脑 蓬勃 喷泉 批判
百炼成钢 波澜壮阔 壁垒森严 翻江倒海

4.象声词练习

吧嗒嗒 滴溜溜 咕隆隆 噼啪啪 扑通通 呼啦啦
哐当当 哗啦啦 当啷啷 乒乒乓 刷啦啦

5.合口音、撮口音练习

乌鸦 花絮 挫折 快乐
吹捧 汪洋 虚假 宣纸
菊花 捐助 雪恨 辽远
妈妈 买卖 小猫 隐瞒
出门 分秒 人民 姓名

学语言,用语言,学好语言不费难。播音员学语言,说话亲切又自然,演员学语言,台词传得远。

村里新开一条渠,弯弯曲曲上山去。河水雨水渠里流,满山庄稼一片绿。

山上五株树,架上五壶醋,林中五只鹿,箱里五条裤,伐了山上的树,搬下架上的醋,射死林中的鹿,取出箱中的裤。

6.古诗词练习

春　晓

孟浩然

春眠不觉晓,处处闻啼鸟。
夜来风雨声,花落知多少。

静夜思

李　白

床前明月光,疑似地上霜。
举头望明月,低头思故乡。

枫桥夜泊

张　继

月落乌啼霜满天,江枫渔火对愁眠。
姑苏城外寒山寺,夜半钟声到客船。

二、 胸腔共鸣训练

（一）胸腔共鸣

体会胸腔共鸣，用较低的声音发 xia 音，声音要浑厚，不要明亮的音色，这时感觉声音是从胸腔发出来的。也可用 a 音。

包括气管、支气管和整个肺部，胸腔共鸣作用时，胸部有明显振动感，它使声音洪亮浑厚有力，为低音共鸣作用。一般用于中低音声部及某些粗壮男高音，其他男女高音则不常用或不用。戏曲中称为"膛音"。

低音唱到高音，在共鸣腔体的运用上是相互联系又不完全相同的。低声区运用胸声较多。这时，当捂着胸部，就会发现胸部在振动。中声区也就是自然声区，唱这个声区时，口腔共鸣是主要的，胸部不像发低音时那么明显的感觉，声音的音色也显得洪亮了；而唱高音时，就要用上头腔共鸣，这时要注意打开口腔，提起上口盖，有点儿像半打呵欠，唱起来感到头部有振动的感觉，这就是头腔共鸣在起作用。总之，不论是唱哪个声区，3 个共鸣腔体都在起作用，只是不同的声区，其主要的共鸣腔体有所不同。

（二）胸腔共鸣练习

胸腔的空间及共鸣能量大，发出的声音有深度和宽度，声音听来浑厚、宽广，会给人庄严、深沉、真实、可信感。

（1）a 元音直上直下及滑动练习。

（2）hǎo、bǎi、mǐ、zǒu 夸大体会。

（3）百炼成钢 bǎi liàn chéng gāng；翻江倒海 fān jiāng dǎo hǎi。

（4）小柳树，满地栽，金花谢，银花开。

（5）诗文练习：树，有时孤零零的一棵，直挺挺把臂膊伸缩。花，有时单个个一朵，静默默把微香散播。唯独草，总是拥拥挤挤，长到哪儿，哪儿就蓬蓬勃勃。

（6）增加胸腔共鸣的适当音色后，以下词语能帮助产生胸腔共鸣。

暗淡　反叛　散漫　武汉　到达　计划　白发　出嫁

三、 鼻腔共鸣训练

（一）鼻腔共鸣

鼻腔共鸣是发声的时候气流掠过鼻腔，鼻腔会产生共鸣，而气流灌进鼻腔则产生鼻音。但是如果鼻音比较重，需要通过练习挺起软腭来克服。鼻腔共鸣是通过软腭来实现的。

当软腭放松，鼻腔通路打开，口腔的某部关闭，声音在鼻腔得到了共鸣，就产生了标准的鼻辅音 m、n 和 ng 等；当鼻腔和口腔同时打开，产生的是鼻化元音。少量的鼻化元音可以增加音色的明亮，但过多的鼻化会形成"齉鼻"音。

软腭关闭后，较强声音沿硬腭传到鼻腔内壁，可以感到鼻腔在振动，但这不是鼻音声音，而是"头腔共鸣"的发声方法。

（二）鼻腔共鸣练习

1. 鼻腔共鸣训练

（1）纯 a 音——加鼻腔共鸣 ā 音。

纯 i 音——加鼻腔共鸣 ī 音。

纯 u 音——加鼻腔共鸣 ū 音。

（2）鼻辅音＋口元音：ma—mi—mu,na—ni—nu。

（3）m 哼唱使硬腭之上的鼻道中的气息振动和软腭的前部扯紧。n 哼唱使软腭中部振动并扩大鼻咽腔。

（4）妈妈、大妈、光芒、中央、接纳、头脑。

（5）朝霞冉冉升起，东方透出微明，你听！你听，国旗的飘扬声。

（6）蓝蓝的天上白云飘，白云下面马儿跑，挥动鞭儿响四方，百鸟齐飞翔。

咏　柳
贺知章

碧玉妆成一树高，

万条垂下绿丝绦。

不知细叶谁裁出，

二月春风似剪刀。

山　行
杜　牧

远上寒山石径斜，

白云生处有人家。

停车坐爱枫林晚，

霜叶红于二月花。

乌衣巷
刘禹锡

朱雀桥边野草花，

乌衣巷口夕阳斜。

旧时王谢堂前燕，

飞入寻常百姓家。

2. 解除鼻音训练

（1）软腭上提，口腔后部声音的通道畅通无阻，就不会出现鼻音，也可以减轻喉音重的毛病。

发"吭"声练习，注意挺软腭，关闭鼻咽道，突然打开鼻咽道，发"吭"（keng）声。

（2）手捏鼻孔不出气，发 a 音体会。

（3）串发 6 个元音：a—o—e—i—u—ü。

（4）b—ang—bāng(帮)

p—ang—páng(旁)

m—ang—máng(忙)

b—ai—bái（白）

（5）16 个鼻韵母主要元音与鼻尾音做拆合练习。练习时发准元音，再发鼻音，然后合并来发。

an—a—n   ang—a—ng

en—e—n   ian—i—a—n

iang—i—a—ng   ün—ü—n

uang—u—a—ng

（6）鼻音重，练习时，则少练习带有声母 m、n 和鼻尾韵的音节。

思考与练习

1. 什么是胸腹联合式呼吸法？这种呼吸法的优势是什么？

2. 不同的传播渠道和情境对气息控制的影响在哪儿？

3. 在进行气息训练的基础之上，运用气息控制技巧完成一个演讲作品。

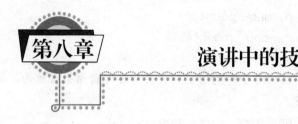

第八章　演讲中的技巧

学习目标

（1）通过本章学习掌握演讲中停连重音、语气节奏等常用技巧；

（2）通过学习即兴演讲技巧提升临场应变能力；

（3）态势语技巧对演讲起到的辅助作用。

技能要求

（1）基本掌握演讲中常用的技巧并学会如何运用；

（2）在合适的场合选用适当的技巧化解尴尬的境地；

（3）学会运用语言风格和态势语言增强语言的表现效果。

第一节　停连与重音

一、停连

（一）停连的定义

　　停连即停顿连接，是指在有声语言的流动过程中，声音的中断和延续。停顿是指人们朗读或说话时语音上的间歇。从生理上说，人播读或说话时需要呼吸换气，需要有间歇；从语言结构上说，为了层次分明，表达清楚，也需要停顿与连接相互作用来实现；从内容表达上说，要让听者有时间领会内容，突出重要信息，同样需要停顿。反之，那些不中断、不休止的地方（特别是有标点符号，而不中断、不休止的地方）就叫连接。

　　逗号、句号等是文字语言的标点符号，停连则是有声语言的标点符号，停连以标点符号作为参考，并不是完全按照标点符号停连的。有声语言的停连的原则是：标点符号是参考；语法关系是基础；情感表达是根本。深入理解文章内涵，把握文章思想感情是确定停连的关键。

　　停连的作用：停顿和连接都是有声语言进行中显示语义、抒发情感的方法。有的用来组织区分，明晰语义；有的用来造成转折呼应，使逻辑严密；有的用来强调重点，使目的鲜明;有的用来并列分合,使内容完整;有的用来产生回味想象,创造意境;还有的可以体现思考判断,使传情生动。

(二)停连的分类

在接下来的内容里,将举例说明如何停连。停连标记符号:用"∧"表示停顿,用"▲"表示停顿时间比"∧"稍短,用"∧∧"表示停顿时间比"∧"稍长。用")"表示连接,是指在有声语言的流动过程中,声音的中断和延续。

从文本的全局角度,把停顿与连接结合起来,可以分为 10 类来考查它们在播音中所处的位置和时间。

1. 区分性停连

区分性停连是书面文字转化为有声语言时对一个个汉字进行再创造的组合、贯通的技巧,它所包括的内容比较多也比较灵活,稿件中词与短语、句与句、层与层、部分与部分之间都有区分性停连。

例句

锅里再放醋、白糖∧炒成汁,再放少许淀粉,汁炒稠后,放凉了才能用。

2. 呼应性停连

有声语言的行进,在停连上有前呼后应的性质。播读中运用呼应性停连必须解决哪个词是呼,哪个词是应,二者如何呼应等问题。呼和应是一种内在联系的表现,在作品中,在语句中,有呼无应,显得不完整;有应无呼,显得没头脑。

总之,有呼无应和有应无呼都会造成语言序列的紊乱,给人以"前言不搭后语"之感。运用呼应性停连也有某种区分作用,但主要是凸显呼应关系。

例句

下面请大家欣赏∧两首维吾尔族民歌。

3. 并列性停连

并列性停连是指在稿件中属于同等位置、同等关系、同等样式的词语之间的停顿及各成分内部的连接。凡属各并列关系之间的停顿,要求位置类似,时间近似,以显示并列关系,而它们各自内部的连接较紧,有时有些小停顿,时间也不可长。

例句

山,∧朗润起来了,水,∧涨起来了,太阳的脸∧红起来了。

4. 分合性停连

在并列关系之前,往往有领属性词语;在并列关系之后,往往有总括性词语。在领属性词语之后或总括性词语之前,都有较长时间的停顿,比并列关系之间的停顿要长。

这样就形成了合—分—合的分合关系。分合性停连包括先分后合、先合后分两种情况。先合后分再合是这两种情况的联合。把握了分合关系,对于运用区分并列、呼应等停连也更有利。

例句

只是那颗颗珍珠,∧有大如羊奶子头的,有小如红豆的,∧光华夺目,熠熠生辉。

5. 强调性停连

在句子之间、词组或词之间,为了强调某个句子、词组或词,就在前边或后边,以至前后同时进行停顿,使所强调的词句凸显出来,其他不强调的词句中,有停顿处也相对缩短一些时间,这就是强调性停连。

例句

不管洞身多窄、时间多长、空气多不好,他∧都能忍受。

6. 判断性停连

既然是判断性停连就应该有思维过程,在思维过程中的感受就应该明显。在稿件中有判断过程表现的时候就应在判断、思索的地方进行判断性停连,以表达出此时的思维过程。停顿不是思想感情的空白,不仅是在播讲中已经"明其意",而且要表现出正在"成于思",即有思维过程。

为了表现思索、判断的过程,便可以运用判断性停连的方法。

例句

老邈听到一声似乎是树倒的声音,∧不好,有人偷树了。

7. 转换性停连

在稿件内容发展和展开的情况下,有声语言必须随波婉转。由一个意思变成另一个意思,一种感情变成另一种感情,这中间应该有相应的停顿,显示转换的关节。为了表现语意、文势、感情,就要运用转换性停连。这种停连在稿件中运用的也较多。在层与层、段与段、句与句之间都有这样的停连。

例句

按说日子好了,吃点喝点享受点,也没多大不是。∧可细细想来,钱挣得那么不容易,就这么流水似的花了,值不值呢?

8. 生理性停连

在某些稿件中,由于人物生理上的异态,产生语流不畅、断断续续的情况,就要学会运用生理性停连,这些生理变化形式的停连,在播讲中只给予必要的、象征性的表现,而不强调夸张的呼气和吸气声音。运用这种停连也需要有演讲者的感情色彩做陪衬,重要的是语句的内容是什么,说话的情态是什么样,至于怎么说的要点到为止。

所谓点到为止就是抓住一两处富有特征的词或词组稍加停顿,能给听者造成某种生理变化的感觉就可以了,不必自始至终、字字句句地模拟那种声音形态、气息状态。

例句

"不！∧不……不是！"雪老倌一个劲儿地解释。

9.回味性停连

有的词、句、段播完后,要给受众留下想象回味的时间,这样的停顿就是回味性停连。这种回味性是因创作主体的具体思想感情地延续下去的结果,是受众从有声语言中有了具体感受之后的心理反应。

例句

李支书望着雪老倌的背影,呆呆地站在那里,一动也不动,一直看着他走远,走远……∧

10.灵活性停连

任何停顿和连接都不应是呆板的、生硬的,无论在停顿的位置上、时间上,都没有万能的公式。在播讲中,特别是急稿播讲中,不可能把每个停顿都安排得妥帖,而语言的生命力正在于"变化"二字。因此,应该在停连处理上保持较大的灵活性。

例句

他来到北海岸边,细心观察:∧哪天桃花开了,哪天柳絮飞了,哪天布谷鸟∧叫了。

停连的方法大致分为扬停和落停,直连和曲连。

扬停的位置一般有两种找法:一是一个意思没有说完而中间需要停顿的地方;二是一般用在句中无标点符号之处,其特点是停顿时间较短。(有时仅仅是一搓而已)停时声停气未尽。(有时甚至虽停却不换气)停之前的声音,稍上扬或是平拉开。

例句

新北京方言里▲也许还留有一些其他方言带来的痕迹。比如,现在北京人常说"耍大牌",这个词▲就是从广东一带传来的。

停连的方式多种多样,以上举例难免有所遗漏,具体的停连方式还是要从具体的语境和语意出发,以使表情达意更加准确。

案例

有这样一个笑话:相传有一个主人要请客,客人给他写了一封信:"无鸡鸭也可无鱼肉也可一盘青菜不可。"于是主人就按照信的内容做了几盘不同的青菜,结果客人却很生气。

原来,由于客人和主人对信理解的不同角度而断句不同,客人的意思是"无鸡,鸭也可。无鱼,肉也可。一盘青菜不可"。主人却理解为"无鸡鸭也可,无鱼肉也可,一盘青菜不可"。两者意思相反,闹出了笑话。

可见同样的文字,因为停连或者重音的不同,会有不同的意思。所以在演讲中要恰当的运用表达技巧,才能准确地传达演讲者的本意。

二、重音

（一）重音的定义

同样的一句话，如果重读的词语不同，那么含义也完全不一样。可以从下面的例子感受到重音的重要性。

比如，我和你去看电影。

如果重读在"看电影"。意在强调是去看电影，而不是干别的。

如果重读是在"你"，意在强调和我看电影的是"你"，而不是别人。

每个文本都是由许多表达独立意思、蕴涵一定感情的语句组成的，语句中的词或词组并不处于完全并列、同等重要的地位，其中，有的重要些，有的次要些。对那些重要的、主要的词或词组，演讲时要着重强调一下，以便突出地、明晰地表达出具体的语言目的和具体的思想感情。着重强调的词或词组，就是重音。

1. 重音不同于词的轻重格式

重音是对语句而言是指句子中间根据内容和思想感情运动的需要所强调的词语。它是针对语句目的而言的，语句目的不同，重音的强调也就不同。

例如：我去看电影。

如果语句目的要回答"谁去"的意思时，那么重音就应放在"我"上；如果语句目的要回答"做什么"的意思时，那么重音就应放在"看电影"上；而语句目的是要说明"去还是不去"的时候，重音就应放在"去"上。这就是语句重音。

但是，还要强调：语句重音虽然是指一句话的重点，但也不能孤立地只在一句话里确定。因为在节目中，每一个句子都是系统中的一分子，尽管是语句重音也不能脱离开具体的上下文而独立存在。

词的轻重格式是指音节之间的音强比较，多数情况下词的轻重格式在语流中是不变的，即相对稳定，这是受语音规律限定的。

例如，"政府"是中重格式，而不能读成重中格式，这是约定俗成的。可很多人在初学演讲时往往把中重格式错读成重中格式，听起来似乎是重音问题，但实质上是词的"轻重格式"问题。这样一来对语句重音的强调就起了很大的干扰作用。

2. 重音不等于重读

"重读"就是加重声音朗读，它只是加重声音这一种表达方法。而重音是有主有次的，那么，光从有主有次这一点来说，强调重音都用加重声音来处理也是矛盾的。主要重音用加重声音来处理，次要重音也用加重声音来处理，就没有主次之分了。

再者，重音并不是一成不变的，不要求每个人强调的重音必须一致。因为，演讲重音是在语流中体现出来的。所谓在语流中体现，是指在发声时，语音不是一个个孤立地发出，而是连续发出的。

在连续发出的语流中，一个音或一个词往往可能由于邻近音或邻近词的影响，又加之演讲者表达方法、表达风格的不同，或每个人运用节奏的快慢、声音的高低强弱、感情色彩的变化、气息的深浅不同等而发生一些变化。因此，重音的强调也不可能每个人都限于重读这一种格式。

再有，重音是演讲者在准备稿件过程中，通过感官接触到稿件中所反映的事物、现象，然后经过认知感受，使稿件内容在头脑中有一个概括的反映。在此基础上将主要重音和次要重音从稿件中提取出来，加以概括而形成的重音，到表达时，重音的强调已是播讲人从感性认知到理性认知的一个飞跃了。

每个人的感受能力、概括能力各不相同，重音的表达也不可能只有一种方法"重读"。

同时，如果重音都用加重声音来强调也显得单调呆板，而且也不符合思想感情运动的需要。特别是在较轻松、舒展的稿件中更不能都用加重声音来强调重音，很多是用语气来体现的。所以重音不等于重读。

（二）重音的确定和表达方式

习惯重音不符合内容需求。

重音是对稿件中语言目的的集中概括，重音所表达的是具体语句的重点或语句之间的关系。这一点来说，重音和稿件内容的要求是一致的。从重音和稿件内容的关系来说，稿件必须借助于一定的语言材料而存在，必须通过语句以及语句之间的关系巩固下来。而重音则是依据稿件内容而存在的，所以重音离不开稿件，稿件内容的需要是重音的基础，不表现稿件内容的重音是不应出现的。

习惯重音是演讲者无意识强调出来的，它不依据稿件内容而存在。因此它往往不符合稿件内容的需要。人们用言语进行交际包括两方面：一方面是说话人运用语言这个工具来表达自己的思想；另一方面是听话人通过这样的工具来理解对方所表达的思想。

所以说，不管说话人是有意识还是无意识传达出来的语言，听话人都据此理解说话人的思想感情。传达得准确，给听众带来方便；反之会给听众带来麻烦或误解。因此，不符合内容需要而出现的习惯性重音必须杜绝。

（三）重音的分类

重音的符号用在词或词组下面加圆点的方式表示。

前边已经明确地写道，重音是语句重音，是在语流中把握的。既然是在语流中把握就不能孤立地看一句话而确定重音。演讲者必须通过在对全篇稿件的理解感受基础上，明确具体语句在全篇稿件中所处的位置和分量，才能确定语句重音。

下面所列 10 类重音，还未包含所有的重音类型，它的优点是从语言中加以把握，力求避免知其然不知其所以然的孤立、简单、盲目的状态。下面将分类学习重音的几种主要类型。

1. 并列性重音

并列性重音是指在段落、语句中有并列关系的某些词或短语。需要通过有声语言显示它们之间的并列关系，不光是运用并列性停连，而且也要在那些具有并列性关系的词或短语上确定重音，这就是并列性重音。既然是并列性重音，那么至少也得有两个以上同样重要的重音。

例句

例句 1：利用纽扣、花边、花结对服装进行修饰。

例句 2：山朗润起来了，水涨起来了，太阳的脸红起来了。

例句 1 是并列性语句中的一句话，而这句中的"纽扣、花边、花结"是并列性重音。它的目的是说明如何对服装进行修饰。3 个重音同等重要属于并列性重音。

例句 2 中有 3 个并列句，要显示它们的并列关系，一是要运用并列性停连；二是要运用并列性重音。"山、水、太阳的脸"为一组，"朗润、涨、红"为一组，这两组并列性重音，应以前一组为主，后一组为次，一经突出就表明"山、水、太阳"都染上了春天的气息，语句目的很明确，重音又都在两个以上。

2．对比性重音

在各种对比的情况下，为了达到对比的目的、渲染对比气氛、突出对比观点、深化对比感情，在重音上造成对比性是很重要的。对比性重音至少有两个，往往要形成主次，相辅相成。

例句

目前组成希腊联合政府的 3 大政党在这个问题上意见不一，新民主党赞成保留美国在希腊的军事基地，泛希社运主张进行谈判，左翼与进步联盟则要求美国撤走军事基地。

这一段中的几个对比性重音：保留、谈判、撤走，意图在于表明了 3 大政党对于美国在希腊的军事基地的不同态度。而其中的 3 大政党的名称又属于并列性重音。还需要注意的是，凡有所强调就有所排除，而问题也往往出现在这里。

3．呼应性重音

从重音的角度上揭示上下文的呼应是一种有力的方法。呼应性重音中的问答式呼应，它和停连中的一呼一应很接近。

例句

他还有一个美名，叫什么呢，叫"老抱子"。

这句话实际的意图是想说明还有一个名字叫"老抱子"，"还"是呼，"老抱子"是应。由此可以看出，这种呼应性句子的重音就在表现呼和应的主要词语上。

还有一种呼应性重音叫分合性呼应。

例句

只见那颗颗珍珠，有大如羊奶子头的，有小如红豆的，光华夺目，熠熠生辉。

这种分合性呼应往往有领起、并列、总括 3 个部分。重音就在它的领起词和并列词上。这种并列中的重音往往同等重要，处理起来不能分主次。

4．递进性重音

文本内容的发展总是层层推进的，递进性重音便可以显示这递进关系。递进性重音总是向着一个方向突出的，后一个重音要比前一个重音揭示更新、更深的含义，展现更多、更新的事物。

例句

您坐过乌篷船吗？……窄窄的船身，低低的船篷，船篷是用竹片夹着箬壳编成的。篷上用烟囱灰和着桐油漆成黑色。绍兴人把黑色叫成乌，它就叫乌篷船。

这个例子是按文章的行文过程来找重音的，这里也有第二次出现的词作为重音的。选择重音时只要留意后一个重音总是比前一个重音揭示更深一层的含义就可以了。

还有一种连珠句式，上句末和下句首的词或词组相同或基本相同，重音的递进性更为明显。

例句

决心上阵不利则守城，守城不利则巷战，巷战不利则短兵相接，短兵相接不利则自尽以殉国。

这种连珠句式的重音要落在递进的词上，第二次出现的词不能称其为重音。当然，不是连珠句式的句子另当别论。

5．转折性重音

转折性重音与递进性重音不同，递进性重音揭示同一方向的发展，转折性重音揭示相反的方向的变化。

例句

"轰"的一声，3名越军坐上了"土飞机"。哨位完好无损，战友安然无恙，公培波却被强大的气浪冲倒，昏了过去。

这一段，"哨位"和"战友"是并列性重音，"公培波"就是转折性重音了。

转折性重音有时是关乎主旨的重点，有时只是对递进的反衬。不明此理，在有声语言行进中，就容易以"一定之规"应付"千回万转"，缺乏文势。

6．强调性重音

强调性重音就是把句子中表达感情色彩的词或词组加以强调，以突出某种感情。

例句

例句1：老遛为了护林，硬是把烟瘾往肚里憋，一直憋了10年。

例句2：不该得的钱，一分钱也不要。

例句3：刘玉昆手中小小的笔，真是一支铁笔呀！

例句4：乌篷船，很不起眼，它也在发光，多好。

以上例句中的重音都属于强调性重音。只是强调的范围、感情色彩的浓淡程度不同而已，这种强调性重音在稿件中用的比较广泛。

还有一种重复性强调重音，虽然出现的不多，但它也是存在的。

例句

李支书望着雪老倌的背影，呆呆地站在那里，一动也不动，一直看着他走远、走远……

这种重音和单纯的重复不同，它是为了加强感情色彩的浓度而重复的。因此，两个都应给予强调，这是必要的重复。由此可见，重复出现的词有时也可以作为重音。

7. 比喻性重音

无论新闻、评论、访谈、综艺都可能采取比喻的修辞手法，目的是增强内容的形象性、可感性。比喻性重音要获得具体、形象的感受，切忌生硬突兀。

例句

例句 1：这头牛个大，膘肥……4 条腿像木头柱子一样。

例句 2：会场上响起了雷鸣般的掌声。

例句 3：少年儿童是祖国的花朵。

这类句子都是以比喻为主，要抓住比喻部分的核心，抓住比喻意义的重点，不可简单地把全部比喻部分都作为重音，更不能把比喻意义的次要部分作为重音。还有，比喻性重音多是化抽象为形象的，因此，表达时要注意它的形象性，要具体地感受到它的形象性所在才谈得上生动。

8. 拟声性重音

拟声性重音也就是句子中的象声词类。拟声性重音也和比喻性重音一样，也应注意不是所有的象声词都可以做重音，而要看它在句子中的位置是否重要。

例句

例句 1："轰"的一声，3 名越军坐上了"土飞机"。

例句 2："轰"的一声巨响，敌人的一发炮弹打中了他的右大腿。

例句 3：屋瓦上响起了"哗哗哗"的声音，击打在人的心上。

例句 1、例句 2 都用"轰"的一声来表达，而例句 1 中的象声词可以作为重音，因为，它烘托了战士消灭敌人后的那种胜利的喜悦气氛。例句 2 中的象声词就不能作为重音了，重音应放在主人公受伤上。如果重音放在象声词上，语句目的就错了。

例句 3 中的象声词"哗哗哗"是表达当时那种特定的狱中环境和人们的心情，应做重音。因此，运用拟声性重音一定要看它是否是句中的重点，是否符合语句目的的需要。

9. 肯定性重音

文章中在表达对事物的肯定态度时，一般都用肯定性词语：是、不是、无、有、没有等。有声语言不能单纯地看这些肯定性词语，而是要看整句话的意图是什么。一般有两种情况，一种是要肯定"是什么"；一种是要肯定"是"还是"不是"。

例句

例句 1：不要开枪，大伯，是我。

例句 2：27 号，晴转阴，有霜冻。

例句 3：最近几天，没有雷雨，天气以晴为主。

例句 4：可要给我送礼，好事就变成了坏事。羊肉我不能收。

例句 1 和例句 2 中的重音回答了"谁""什么"的问题，属于第一种情况。例句 3 和例句 4 的意图在于"有没有""能不能"，属于第二种情况。这都是肯定性重音。

10. 反义性重音

有的文本,在揭露、批判荒谬论点、错误言行时,在揭露言不由衷的虚假语气时,在表示文本创作不同意、不赞成的态度时,往往借助反义性重音来表达。反义性重音文字上貌似正面肯定,实际上恰是表达否定,不论褒贬,要从反面去把握。

例句

你们把困难全都要走了,一点都不给我们剩,可真够"自私的"。

这个例句中的"自私",是正话反说,属于反义性重音,表达对此事的肯定,这样才能符合语句目的的要求。如果播成否定的重音,语句目的就错了。

由此可以看出,在强调这些反义性重音时,还需借助语气,同时强调时不可一带而过,也不可字字着力,要注意和上下文的关系。

(四)重音的表达方式

重音的表达也是多种多样的,如低中见高、弱中加强、快中显慢、虚中转实、连中有停以及各自的相反情况都可以突出重音。同时要处理好重音与非重音的关系,重音与非重音各有主次层次,并以达到受众感受为准,既要保证主要重音的突出,又要保证非重音内部主次关系的明晰。

下面就简单介绍几种常见的强调重音的方法。

(1)强弱法。这是一种用声音的轻重、高低变化来强调重音的方法。需要注意的是,重音不光可以用强和高的声音来强调,强中见弱、高中显低也不失为有效的方法。

(2)快慢法。这是一种用声音的急缓、长短、顿连等变化来强调重音的方法。

(3)虚实法。这是一种通过声音的虚实变化来强调重音的方法。

总之,所谓强调重音、突出重音,都是在对比之中实现的。强调重音的方法尽管是多样的,但总的要求只有16个字:加强对比、协调适当、讲究变化、切忌呆板。

选用方法时,要从3个方面去考虑:一要能准确体现出语句目的;二要依据思想感情的运动;三要符合语流变化的需要。具体地讲也就是:要从全篇稿件的高度着眼,达到主次分明;又要从听和说的正常习惯考虑,不显生硬;再有就是重音的确定要少而精。这就是运用强调重音的各种方法时所应遵循的基本原则。

第二节 语气和节奏

一、语气

(一)语气的定义

语气是人们特别是有声语言工作者经常使用的概念。不过在实际使用的时候,不同的使用者所说的语气的内涵和外延并不完全相同,因而使这一概念有过大的模糊性,存在一定的混乱。

进一步可以理解为语气是指"说话时流露出来的感情色彩"。

与语气容易发生混淆的是语调。语调这一概念仅从语法范畴的句式上，把它与声音形式做了一一对应、较为简单划一的限制，往往无法包容生活中蕴涵丰富的声音形式。如疑问句，可用上升调，也可不用上升调。

随便举个例子："难道可以这样做吗？"严厉地训斥，可用上升调；语重心长地启发，似乎用句尾下降的处理更好些；而内疚地自责，处理起来又不同于前两种情况……

传统的语调概念不能与语气概念画等号，否则就容易使人陷入某种固定的、形而上学的框框，而无法反映语气本身应具有的感情色彩和分量的丰富性，以及声音形式上的多样性。如果只是按语调的对应关系处理句子，很可能使有声语言的表达趋于僵化。

（二）语气的实质

语气的实质也就是指语气的内涵。其一，语气以具体的思想感情为灵魂；其二，语气以具体的声音形式为躯体；其三，语气存在于一个个语句当中。只有受具体的思想感情支配的语句才是有生命的，可感的。

丰富的思想感情，必须透过变化多样的声音形式才能体现出来。声音形式又能对语气的感情色彩起反作用。刻板、单调、以不变应万变的声音形式，抑或对声音形式的选择、驾驭不当都会使本来要表达的思想感情退了色、变了味，而使有声语言应具有的直接可感性的优势被极大地削弱。语气是"语句的'神'与'形'的结合体"。

句子是表达完整思想的具有一定语法特征的、最基本的言语单位。每个句子不仅表达一定的客观内容，还表达说话人对说话内容的主观态度。句子是稿件中最基本的、独立的言语单位。每个句子都有一个独立的、完整的意思，而具有"这一句"的具体语气。"这一句"与"那一句"的语气可能相近，也可能相异，不管什么情况，"这一句"与"那一句"的语气应该是有差别的，有自己的个性的。

不过也注意到，具体句子的语气不会静止地、孤立地存在。给出一个孤立的句子，它的语气常常是多解的。语气的具体和明确有赖于它所存在的语言环境（语境）的明确和稳定。

（三）语气的感情色彩和分量

语气的感情色彩主要是从态度和感情的类别上把握住语句的本质。从语句包含的是非和爱憎两方面做了归纳：是非是指正确、错误、反对、支持、赞扬、批判、严肃、亲切、郑重、活泼、坚定、犹豫等态度方面的具体性质；爱憎是指挚爱、憎恨、悲痛、喜悦、热望、焦急等感情方面的具体性质。态度、感情交融一体，可以展现各类语句的丰富多彩。

语气感情色彩的把握，一要贴切；二要丰富；三要深刻。贴切是指对稿件语句本质理解感受准确，与稿件语言本意相一致，不能呈似是而非、模棱两可的"中性"色彩，更不能是相反色彩（播反面文章除外）；丰富是指对稿件语句本质体验得细腻，能体现出思想感情发展变化的层次，如果只有"类型化"的语气色彩，清汤寡水"一个味"贯下来，是无丰富性可言的；深刻是指在整体中把握具体语句的语气，播出主导的思想感情，不能为追求语气的生动变化而失去播出目的的统帅。

如何把握到语气准确的色彩呢？首先，要遵循正确的播音创作道路，与党和人民的态度感情相一致。在这个基础上把握到的语气才会是准确、贴切的。具体地说，语气的贴切性受到稿件播讲目的和基调的制约。

稿件的总色彩就体现在基调中，那些重点语句、重点段落、重点层次的具体语气，汇成了基调的总色彩。除此之外，稿件中还会有其他色彩，它们间接地烘托、映衬或通过对比显现着基调的总色彩。在判断语句的具体感情色彩时，要扣准语句本质，切忌见字生情、断章取义。

以小故事《中计》为例，故事说的是房东张大爷巧用计策，获知新战士小洪帮他干活，方得以表达感谢之情的事。当新战士小洪经不住张大爷用计，以为自己闯了祸，急忙拦住佯作要去"找指导员说个清楚"的房东老两口时，说了这样一段话："大爷、大娘别发火，昨天是我跑到菜地里去的。我看你们二老年纪大，大爷又成天忙着队上的事儿，顾不了家，就抽空帮你们干了点活。谁知道我不会干，给你们添了麻烦，真对不起你们，有多大损失我一定赔。"说着就伸手掏钱包。

新战士小洪这段话的感情是很丰富的，有着具体的内心变化，他先是"急忙劝阻"，继而"老实承认"，随之"内疚自责"，最后"执意赔偿"。小战士的思想感情发展变化的层次，在表达时并不以书面上的标点为界，必须深入进去，方可体察到其中语气的细微差异和变化位置。

如"大爷、大娘别发火"这一劝阻，因急切，而"气促声高"；"昨天是我跑到菜地里……就抽空帮你们干了点活"，小战士以为自己好心办了错事，老老实实地说清原委，毫无夸耀表白或委曲之意，因而"气缓声轻"；接下来的话"谁知道我不会干，给你们添了麻烦"，这里是深深的内疚和自责，声音形式上表现为"气沉、声音渐高、渐重"；最后两小句，小战士诚恳急迫地边说边掏钱包，"气息上提""声高而重"。

通过此例可以看出，只有深入细致的体验、揣摩，并辅以声音气息上的变化，才会带来语气的丰富性。

（四）语气的分量

语气的分量是指在把握语气感情色彩的基础上，区别是非、爱憎的不同分寸的"度"。强调语气的分量就是要求我们掌握语气感情的分寸、火候，表达时不瘟不火，恰到好处。语气的分量是实现语气贴切性、丰富性和深刻性的重要因素。

语气的分量可以从两方面去把握：一是语气感情色彩本身的级差；二是外部相关因素影响下态度分寸方面的级差，二者融合在一起，共同构成了语气的分量。前者是语气分量的个性因素，后者是语气分量的制约因素。

语气分量的个性因素和主次因素之间，以主次因素为主导方面，个性因素呈现的分量要服从主次因素决定的分量，这才是语气准确的分量。

（五）语气的声音形式

语气中所蕴涵的丰富细腻的思想感情，要由一定的声音形式才能体现出来。有声语言的一个显著特点就是能够传递远远多于词句表面所含有的信息，语音形式一旦出现在具体的、呈动态的语言环境中,它的信息量会大大增加。这正是有声语言不同于文字语言的显著特征所在。

从语气技巧的角度看,如果说语气的思想感情是语气的灵魂,那么,声音形式便是语气的躯体。正因为语气的思想感情是丰富多彩、不断变化的,所以,它们的声音形式也应该是曲折多样、不断变化的,否则声音形式无法包容那色彩各异的思想感情。

语气多变的声音形式,可用"语势"这个概念来说明。

语势是指一个句子在思想感情运动状态下声音的态势,或者说是有声语言的发展趋向。语势包括气息、声音、口腔状态3方面多层次、多侧面的立体变化及多重组合。

这些方面的变化既是在语言发出时能够驾驭的,又是在语言发出后可以从听感上加以分析的。气息方面可以有气息位置深浅的不同,气息量多少的差别,送气速度快慢的区分;声音方面又有高低、强弱、长短及音色的精细变化;口腔状态方面,在每一个特定的音位中,都可以有口腔松紧、开闭,舌位前后、高低的变化。

(六)语势的种类

语势大致可以分为5类,即波峰类、波谷类、上山类、下山类和半起类。

1. 波峰类

语句的句头,句尾较低,句腰较高。

🖊 **例句**

天边一丝光亮也被黑暗吞没了。

2. 波谷类

语句的句头,句尾较高,句腰较低。

🖊 **例句**

为了革命,他被这可恶的草地夺去了生命!

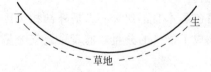

3. 上山类

语句的句头较低,而后逐渐上行,句尾最高。

🖊 **例句**

有些人只会空想,不会做事。

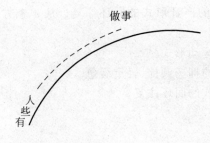

4. 下山类

语句的句头较高，而后顺势下行，句尾最低。

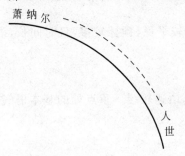

例句

萧纳尔发现，咪咪已经离开了人世。

5. 半起类

语句的句头稍低，中间稍高或又有曲折，句尾气提声止，却又不在最高点上，只起来了一半。

例句

小同志，你的老家在哪儿？

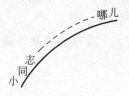

上述 5 种语势类型也是大体的分类，是最有代表性的类型，它并不可能包容客观中存在的各种语势。所举的例句也不意味着只有那一种语势是正确的，它完全可能因上下文语境或因语言发动者的独特感受，而呈其他类型的语势。

二、节奏

（一）节奏的定义

节奏是主观和客观的统一，也是生理和心理的统一。

在演讲中，节奏是有声语言运动的一种形式。节奏应该是由全篇稿件生发出来的，演讲者思想感情的波澜起伏所造成的抑扬顿挫、轻重缓急的声音形式的回环往复。从 4 个方面作一下具体分析。

首先,演讲节奏是以思想感情运动为依据的声音运动形式。

其次,演讲节奏的外部形式表现为有声语言语流的抑扬顿挫、轻重缓急。

再次,演讲节奏的核心是具有一定特点的声音形式的回环往复。

最后,演讲节奏的基本要求要立足于全篇和整体。

(二) 节奏的类型

1. 轻快型

多扬少抑,声轻不着力,语流中顿挫少,且顿挫时间短,语速较快,轻巧明丽,有一定的跳跃感。重点处的基本语气、基本转换都比较轻快。

2. 凝重型

多抑少扬,多重少轻,音强而着力,色彩多浓重,语势较平稳,顿挫较多,且时间长,语速偏慢。重点处的基本语气、基本转换都显得分量较重。

3. 低沉型

声音偏暗偏沉,语势多为落潮类,句尾落点多显沉重,语速较缓。重点处的基本语气、基本转换多偏于沉缓。

4. 高亢型

声多明亮高昂,语势多为起潮类,峰峰紧连,扬而更扬,势不可遏,语速偏快。重点处的基本语气、基本转换都带有昂扬积极的特点。

5. 舒缓型

声多轻松明朗,略高但不着力,语势有跌宕但多轻柔舒展,语速徐缓。重点处的基本语气、基本转换都显得舒展、徐缓。

6. 紧张型

声音多扬少抑,多重少轻,语速快,气较促,顿挫短暂,语言密度大。重点处的基本语气、基本转换都较急促、紧张。

(三) 运动节奏的方法

那么如何来使演讲过程中体现出一定的节奏呢? 节奏的运用有一些常见的方法,可以分为 4 类,掌握了它们,就可以熟能生巧,对各类稿件也就可能应对了。

1. 欲扬先抑,欲抑先扬

"扬"一般是指声音的趋势向上发展;"抑"一般是指声音的趋势向下发展。

以下案例是《草地夜行》中老战士牺牲自己,解救小战士的情节。

案例

天边的最后一丝光亮也被黑暗吞没了,满天堆起了乌云,不一会儿下起大雨来。我一再请求他放下我,怎么说他也不肯,仍旧一步一滑地背着我向前走。

突然,他的身子猛地往下一沉。"小鬼,快离开我!"他急忙说,"我掉进泥潭里了。"

我心里一惊,不知怎么办好,只觉得自己也随着他往下陷。这时候,他用力把我往上一顶,一下子把我甩在一边,大声说:"快离开我,咱们两个不能都牺牲! 要……要记住革命! ……"

我使劲伸手去拉他,可是什么也没有抓住。他陷下去了,已经没顶了。

我的心疼得像刀绞一样,眼泪不住地往下流。多么坚强的同志! 为了我这样的小鬼,为了革命,他被这可恶的草地夺去了生命!

2. 欲停先连,欲连先停

在演讲中,连要连得顺畅,停要停得恰当。在连接时,要同时考虑停顿,在停顿中,要注意连接。停连的运用不能生搬硬套,要依文意、合文气、顺文势。

以下案例是散文《桂林山水》中的一段。

案例

我看见过波澜壮阔的大海,欣赏过水平如镜的西湖,却从没看见过漓江这样的水。漓江的水真静啊,静得让你感觉不到它在流动;漓江的水真清啊,清得可以看见江底的沙石;漓江的水真绿啊,绿得仿佛那是一块无瑕的翡翠。船桨激起的微波,扩散出一道道水纹,才让你感觉到船在前进,岸在后移。

3. 欲轻先重,欲重先轻

轻重相间,虚实相间也是形成节奏的重要方法。语流推进过程中,由于色彩和分量的需要,在加重声音之前,要先弱化声音;在轻化声音之前,要先强化声音。

以下案例是散文《麻雀》中核心的三段。

案例

(1) 风猛烈地摇着路旁的白桦树,我顺着林荫路望去,看见一只小麻雀呆呆地站在地上,无可奈何地拍打着小翅膀,它嘴角嫩黄,头上长着绒毛,分明才出生不久,是从窝里摔下来的。

(2) 猎狗慢慢地走近小麻雀,嗅了嗅,张开大嘴,露出锋利的牙齿。突然,一只老麻雀从一棵树上飞下来,像一块石头似地落在猎狗面前。它蓬起了全身的羽毛,样子很难看,绝望地尖叫着。

(3) 老麻雀用自己的身体掩护着小麻雀,想拯救自己的幼儿,可是因为紧张,它小小的身体发抖了,发出嘶哑的声音,它呆立着不动,准备着一场搏斗。在它看来,猎狗是一个多么庞大的怪物哇! 可是它不能安然地站在高高的没有危险的树枝上,一种强大的力量使它飞了下来。

4. 欲快先慢,欲慢先快

快慢是节奏的一个重要方面。"慢"是指字音稍长,停顿多而时间长。"快"是指字音短促,停顿少而时间短,连接较多。重点句需要慢时,前面句子则需要适当加快。重点句需要快时,前面句子则需要适当减慢。

以下案例是《跳水》一文中船长机智救子一段。

案例

（1）正在这时候,孩子的父亲——船长从船舱里走了出来,手里拿着一支枪,本来要打海鸥的。

（2）他看见儿子站在桅杆顶端的横木上,就立刻向他瞄准,同时喊:"跳到水里,赶快跳到水里,不跳我就开枪了!"

（3）小孩在上面摇晃着,没有听明白爸爸的话。

（4）"跳到水里,不然我就开枪了! ……一、二……"在父亲刚喊出"三"的时候,小孩把头往下一低就跳了下去。

在实际运用中,4 种方法交错、重叠使用。只有综合使用它们,才能使节奏更为灵活多样。4 种方法的核心是:加强对比,控纵有节。

第三节　即兴演讲的技巧

案例

中国人民解放军 301 医院曾经给 20 位感冒患者进行同样的治疗,分成两组:第一组 10 个人,第二组 10 个人。对第一组的人说使用的是德国进口的新药,第二天就可以恢复健康,不影响上班。对第二组的人则说没有什么新药。结果第一组的 10 个人第二天都去上班了,而第二组的人过一个星期了还在流鼻涕。这个实验说明,积极的心理暗示对人的作用非常大。

点评:

身心健康才是真正的健康。因此,演说者要提高自己的演说技巧,不单单是锻炼身体生理没有疾病,没有缺陷,而是要从心理上确确实实感觉自己是最棒的,把"我最棒"这样一个观点植入心田,从内心的深处给自己一个强有力的支持。

一、　即兴演讲前的准备

（一）良好的精神状态

公众演说与口才一般简称为演说。而演说、演讲、讲演表达的是同一个意思,只是表达习惯上的不同而已,只要开口讲话就可以看作演说,因此演说活动存在于生活的方方面面,每时每刻都需要运用大量的演说技巧来说服别人。在所有这些工作之前,首先需要一个良好的精神状态。

俗语常说,天有三宝:日、月、星,人有三宝:精、气、神。精神状态的好坏,对人的所有行为都会产生相当大的影响。当人们相互问好的时候,给对方大声地问好要比轻声问好取得的效果更好,这样更容易让彼此精神振奋,似乎成功的信息就写在脸上,这些信息都能随着语言和表情体现出来,更能激励人们的行为朝着成功迈进,这大概就是"相由心生"的道理。

懂得了这样的道理,就能以百倍的信心开始演说与口才的训练,也才能取得更快、更好的结果。

(二)心理上的充分准备

有了良好的精神状态之后,就需要开始演讲前的准备,包括生理、心理、记忆战术方面的准备。

1. 心理暗示活动的意义

心理上的充分准备,需要通过一定的心理暗示活动,例如,可以自己对自己大声地说"一个能够站在众人面前从容不迫、侃侃而谈的人,必将前途无量",或者说"驾驭演讲让生命远航"等,通过这些暗示性比较强的话,可以让自我心情澎湃,产生更强的演讲欲望,也就会在脑海里根植一个表达意识的意念,把这些理念进一步地输入脑海,就会让自我从现在开始非常注重口才。

心理暗示是人对自我的潜意识的定位,心情舒畅就能阳光灿烂,就更容易达成追求的目标,语言是生产力。所谓"干得好还要说得好"就是这个道理。如果说"只说不干的人是嘴把式""只干不说的人是傻把式",那么"既会干又会说的人才叫真把式"。

例如,有一则报道问最值钱的是什么?回答是人才。怎样才算是人才?回答是口才。也就是说,是人才不见得有口才,但是有口才的一定是人才,当然,这里说的口才是表示有真知灼见,而不是胡吹乱侃。

2. 心理暗示活动的学习态度确认

毛泽东主席曾论述过"战略上藐视敌人,战术上重视敌人"的问题。演讲是每个人必须面对的重要交流手段,但演讲并不难,通过训练一定能取得进步,这需要信心和自我激励。为了使自己产生非常强烈的心理暗示,需要对自己的学习态度进行确认,这可以通过自我言说来产生。例如,可以将下面的语句默默地说给自己听。

(1)豁出去了,反正死不了!

(2)只有完美的练习,才能有完美的结果。

(3)今天放下面子,明天才能更有面子!

(4)开口,开口,再开口!

(5)实践,实践,再实践。练!练!练!

3. 心理暗示活动的学习宣誓

心理暗示之后,还可以通过更进一步的强调来强化这些暗示,不断地说的过程更可以锻炼唇齿的配合,所谓"一样的话百样的说,才会有不同的结果",通过不断地唠叨,自己的训练欲望就会高涨,学习也就更容易取得成功。心理暗示活动的学习宣誓可以有以下几种。

（1）我非常珍惜这次学习机会。

（2）我会按要求完成所有规定课程。

（3）我相信通过这次学习,我的演讲能力一定会大大提高!

（4）我会牢记中国公民"爱国守法、明礼诚信、团结友善、勤俭自强、敬业奉献"的道德规范,做一个堂堂正正的中国人!

（三）克服紧张训练

在自我介绍的时候,有些人会紧张,这就要求要克服自我恐惧,如果一个人不能克服自我恐惧,不能克服当众讲话的恐惧,是阻碍自己发展的。即使自己的表达不错,也需要更好地去表达。恐惧紧张能够通过训练克服,这种训练也是一种积极的心理暗示过程。

克服紧张训练可以通过下面的 3 种方式来达到,这些训练可以单独使用,也可以结合使用,可以经常地坚持使用,一段时间后,紧张心理就能得到有效地缓解。

1. 无语练胆

无语练胆是指不善表达、非常紧张时,可能脑子一片空白,这时敢于往众人面前站,而且平静下来,要锻炼气定神闲地站在这儿,这是成功者的前提。

2. 随意练口

当站在众人面前不紧张时,就可以随意练口,讲什么不重要,重要的是敢于讲,讲的过程中要让一切都大大方方,话语组织要有头有尾,而且还可以很幽默或者很狡猾。

3. 命题表达

命题表达要求要非常自信,在关键时候总结几句话来表达意思,不要让别人猜心事,要命题表达,围绕一个主题表达,这是克服紧张的一个训练次序。

做优秀的自己,自己跟自己比,每天进步一点点,不要太在意别人的看法,其实成功在每个人的心里,而不是在别人的口里。但遗憾的是生活当中很多人经常活在别人的评价系统里面,这样就很容易紧张。

太在意别人的看法会导致紧张,怕出错求完美会导致自己紧张,准备不够充分的时候就要充分准备,不要放过任何一次表现的机会,哪怕第一次上台以后紧张得尿裤子了都没有关系,要有一个很好的感觉,有积极的心理暗示,有一次次的锻炼,才能有好的口才。

（四）对公众演说的准备

做所有的事情,首先是要思路对头才可行,所以,俗话说"思路对了头,一步一层楼;思路不对头,步步栽跟头"。如果是一个大型的演讲,一个重要的场合的讲话,则构建演讲的思路必须根据情况和自己掌握的材料来准备内容。

公众演讲的准备包括:材料内容的准备、分析听众的准备、目的态度的准备、了解会场的准备、身体状态的准备和心理情绪的准备等。

1．材料内容的准备——主题、针对性、准确

演讲之前,要先确定演讲的主题。主题要有针对性,要与选择的受众人群相适应,也要符合自己的知识储备。要能够拿得起放得下,要有充分资料才能有相当把握。

2．分析听众的准备——场合、文化、利益、方向

当要上讲台去发表演讲的时候,一定要知道听众是谁,要了解主办单位想达到的目的是什么,包括听讲的目的,听众可能的了解程度及其所持的态度,观众的文化背景及经济收入、文化水平等。只有知己知彼,才能百战不殆,只有对对方的情况了解得越多,才越容易掌控演讲现场。

对听众了解以后,才能相应地设计与听众相关的内容和表达方式。演讲开始前对听众的分析,主要包括场合、文化、利益、方向等内容,具体可以细分为以下 6 个方面。

(1) 听讲目的;

(2) 了解程度;

(3) 所持态度;

(4) 文化背景;

(5) 经济收入;

(6) 文化水平。

3．目的态度的准备——兴趣、信息、激励、说服

对演讲的听众有了把握之后,就需要对演讲的目的进行分析。演讲的时候,主要需要考虑以下几个方面的内容。

(1) 如何提高听众的兴趣;

(2) 给听众传达什么样的内容和信息;

(3) 如何在演讲的过程中进行激励;

(4) 如何使用一定的技巧说服听众。

4．了解会场的准备——大小、座位、话筒、讲台

对演讲会场的大小、座位布局要有事先了解,以防止临场时突然发现与预期相差很大,那样对演讲的情绪会产生非常大的影响。在演讲开始之前,应先试用一下话筒,对话筒的扩音效果有所了解,甚至讲台的高低,也需要事先大体看一下。

5．身体状态的准备——运动、避开低潮

可以将演讲活动安排在自己身体状态非常良好的状态下进行,必要的时候,也要学会调整自己的状态,将一些烦心事暂时搁置起来,不要带着情绪去演讲。

6．心理情绪的准备——信心、会场、期望值等

心理情绪的准备也非常必要,如果自己对演讲有信心,则自己就会全力以赴;如果自己对演讲没有信心,则只能尽力而为,两种不同的心态当然会让演讲产生不同的结果。

报纸有《人民日报》《光明日报》《深圳晚报》《北京日报》等,它们总是在最显眼的位置标明自己的身份。广播电视等也非常重视自报家门。

有人自我介绍时说:"我姓王,叫王庆功,庆功是庆祝成功的意思。我在某集团做销售副总,我希望通过本次活动接触更多的朋友,请记住我,王庆功,谢谢大家。"这就是比较成功的自我介绍。

有人这样自我介绍:"大家好,我是张丛香,张是弓长张,丛是花丛的丛,香是香味的香。我是来自中关村某科技公司的一名销售人员。"

类似上述的自我介绍在现实生活中比比皆是,但有的人在介绍的过程中会紧张,有的人语言组织没有章法。

二、 即兴演讲时的技巧

脑袋决定口袋,人脉决定钱脉,人脉要靠沟通才能得到,而沟通的首要任务就是自我介绍。阿姆斯特朗在登月的时候说:"我此时的一小步是人类的一大步。"这就是自我介绍。自我介绍非常重要,每个人都需要做自我宣传和自我推销,要很好地推销自己,要不厌其烦地一遍又一遍地介绍自己,才会让别人留下深刻印象。

(一) 5 要素法

一般来说,好的自我介绍应该是 5 要素法。这 5 要素包括以下内容。

(1) 姓什么?

(2) 叫什么?

(3) 什么字?

(4) 何意义?

(5) 祝福语!

中国是历史悠久的礼仪大国,有一句话叫作"礼多人不怪",所以在自我介绍的时候永远不应忽略任何一个人的存在,永远的是全盘托举,不冷落任何一个人是至关重要的。

案例

某人介绍自己时说:"我叫李真顺,木子李,真假的真,顺利的顺,整合这 3 个字,应该推出这样的意思:借一个谐音,理所当然地,真真正正地,顺顺利利地。好了,李真顺再次祝福各位朋友,身体健康,走向成功。"

点评:

这样的介绍就包含了上面的 5 要素,能给人非常好的第一印象。

（二）工作关联法

自我介绍的第二种方法是工作关联法。工作关联强调让别人记住自己，与更多的人产生有益的联系，从而达到携手同行共创成功的目的，工作关联法介绍的内容如下。

（1）姓名；

（2）单位；

（3）特长；

（4）与大家的关系。

干一行，爱一行，在其位谋其政，属于哪个单位的，有哪些业务，可以将这些都介绍给别人，这就更容易促使自己业绩得到提升。

案例

"各位好，我叫李真顺，来自中国演说联盟，我的特长是公众演讲，就是主题演讲和口才培训，希望我们以后合作，或者当您有口才方面的需要的时候，与我联系，我将给您提供服务。好，谢谢各位。"通过这样的自我介绍，人们就很容易了解这个人的单位、业务等相关内容。

每个人都有自己的名字，自己名字所包含的意义也千变万化，在向别人介绍自己时，对于自己名字的介绍需要一定的技巧，因为，你赋予这个名字什么样的意义，则别人就会赋予这个名字同样的意义。

通过恰当的语言引导思维，可以将积极进步的态度引导到对自己的评价上。假如某人直接说："各位好，我叫王土旦"，这就成了自我的否定。但名字也是完全在于自己经营的，需要语言引导思维，需要表情引导思维，把自己看得神圣，别人就会觉得神圣。

因此人在社会上全靠自我的经营，以实力演绎尊严，例如，俗语所言"行家一出手，就知有没有"，锻炼和提高自己表达的功夫，也就是自我经营的过程。在介绍自我的时候，将名字整合成一段非常有意义的话，对整个演讲的效果至关重要。

（三）演讲者的性格重塑

1. 演讲的 4 大目的

演说的目的包括以下 4 个方面。

（1）说服听众、导致行动；

（2）说明情况、让他了解；

（3）感动听众、产生共鸣；

（4）娱乐听众、让其快乐。

为了达到这 4 大目的，演讲者就需要自身达到 3 种境界。

2. 演讲者的 3 种境界

（1）用口。

演讲是通过口来表达的，所有的言辞都需要通过发声来传递给听众，所以，演讲家必须要能把握口的艺术。

（2）用心。

虽然所有的表达都是通过口来完成，但是，口只是传达出了大脑的这些信息，而真正感动人的，则是演讲者的感情投入，是心的付出。金杯、银杯，不如人的口碑；金奖、银奖，不如别人背后的夸奖；金房、银房，不如走进人的心房。

只要所有的沟通，所有的说服走进别人的心里，通过表达与对方取得共识，然后与共识者去共事，才能达到演讲的最终目的。

（3）用生命。

对于职业的演讲家来说，演讲事业是他的生命，只有对事业和生命具有等同的感觉，才能使事业取得辉煌的成就。

3. 自我确认

对于演讲的自我确认，可以产生更加坚定的信心，可以带来更加敏锐的思维，可以使得自己的演讲身份被受众接受，而自我确认的过程，也是面带微笑、真心投入的过程，如果一个人认可自我，则一种轻微的笑容就会出现在他的嘴边，这种信号就是他传递出的自我确认的标志。

案例

（1）关于微笑，有一首小诗充分说明了它的非凡作用。

啊，微微一笑并不费力，

但它带来的结果却是那样的神奇，

得到一个笑脸会觉得是一个福气，

给予一个笑脸也不会损失分厘，

微微一笑虽然只需几秒，

但它留下的记忆却不会轻易逝去，

没有谁富有得连笑脸都拒绝看到，

更没有谁贫穷得连笑脸都担当不起，

微笑买不来，借不到，偷也偷不去，

因为只有在给人之后，才显露它的意义，

这就是微笑的真谛。

（2）一副终身受益的对联。

上联：心态好事业成不成也成

下联：心态坏事业败不败也败

横批：成败在你

点评：

这副对联讲心态对事业的影响，表达得淋漓尽致。可以说，一个不善于微笑、缺乏热情、没有激情、淡于才情、不懂得人情的人是断然与成功无缘的！所以，成功的演讲家一定是具有热情、具有激情、具有才情、懂得人情的人。

 案例

你知道幽默的神奇效果吗

某公司特别举办了一次比赛，看看谁最像卓别林，并请了一些研究卓别林的专家担任裁判。卓别林听到这个消息也赶来参加比赛，但是评判结果，他却屈居第二。

发奖的那一天，公司邀请真卓别林前来讲话，卓别林回信说："世界上只有一个卓别林，我应该尊重评论家的意见，我既被评为第二名，还是请第一卓别林讲话吧！"听了这句话后，你是不是感觉很好笑？卓别林就是有讲不完的笑话和趣事，无论谁和他在一起总是会很开心。

但是也有一些人，明明是非常搞笑的事情，可是讲给他们听时，却毫无反应，让你觉得自讨没趣。不用多说了，大家也明白，前一种像卓别林那样的人是幽默感强的人，而后一种属于幽默感比较差的人。这种强弱的差别，也就是人们在幽默感这一个性特征上的个体差异了。

第四节　让幽默为演讲增色

当问起你什么是幽默感时，你会想到滑稽、搞笑、有趣、让人开心、轻松愉快……可能有很多用来描述幽默的词语，甚至你也许会想到卓别林、周星驰这样具有幽默细胞的典型人物。其实幽默感是一个心理学的概念。

在心理学上，幽默感就是把幽默作为一种稳定的个性心理特征或是个体差异的变量，是个体感受、理解、欣赏、创造、传递和使用幽默的过程中，认知、情绪和行为倾向的整合。那么，可以从哪些方面来提高幽默技巧呢？

（一）幽默需要揣摩

 案例

让我们领略一下白岩松在对话中的冷幽默。

学生：我看你有危机感，看起来冷冷的，这是为什么？

白岩松：我喜欢把每一天当作地球的末日来过。（鼓掌、笑声）

学生：你什么时候才会笑？

白岩松：会不会笑不重要，重要的是懂幽默。

学生：有一天你的缺点多于优点，怎么办？

白岩松：没有缺点也没有优点的主持人，连评论的机会都没有，有缺点我觉得幸福，他可能是优点的一部分。（鼓掌）

学生：我是学历史的，能当新闻节目的主持人吗？

白岩松：今天的新闻就是明天的历史。（鼓掌、笑声）

（二）幽默源于生活

 案例

CCTV-2《今晚》节目主持人高博曾在节目中讲过两个这样的故事。

第一个故事：单位的小崔平总喜欢沾点艺术气息。还经常去画廊什么的，光看不买。她说她对艺术的美仅限于欣赏。那天她在画廊一边欣赏一幅油画，一边坐下来夸赞道："多么漂亮的色彩啊！多么不凡的天才之作！"她悄声对站在旁边的画家说："我真希望能够把这些奇异的色彩带回家。""你会如愿以偿的。"画家答道，"你正坐在我的调色板上。"

第二个故事：栏目的小华是一个在爱情方面有点木讷的年轻人，见到女孩子他就紧张。前两天，他终于战胜了自己的羞怯，鼓足勇气问他心仪的女孩子："你喜欢什么样的男孩？"人家女孩想了一下说："我喜欢投缘的男孩。"小华紧张地说："一定要头圆吗？稍微有点方不行吗？"

央视有史以来第一档生活服务类幽默脱口秀节目《今晚》的主持人高博用特有的幽默视角为百姓解读生活资讯，他的幽默完全源于生活。第一个故事中他的同事非常喜欢油画，以至于"我真希望能够把这些奇异的色彩带回家"。出乎意料的是，画家说"你会如愿以偿的"。这让她既惊奇又欣喜，然而画家又说"你正坐在我的调色板上"。她真的可以把最美的色彩带回家了，不过是在屁股上。看来人陶醉的时候会忘记一切。

高博将生活中的真实事件娓娓道来，观众听了不仅不会生厌，而且兴趣会更浓。第二个故事笔者不做分析大家也自然心领神会。高博会风趣地说："皮鞋不亮找不着对象"更让人体会到了语言的艺术魅力。

幽默在哪儿？它就在生活里。

（三）错位反差出幽默

1. 古今反差

 案例

三国时东吴要周瑜当统帅，那时周瑜是个团员，老将不服，可打了胜仗。现在要周瑜当团中央委员，大家就不赞成。（毛泽东）

2. 大小反差

我家的财政部部长发了言。

3. 身份反差

身份反差本应用于某身份人身上的挪用描述另一人物，或美化，或丑化，令人捧腹。

此时不抄更待何时，我立即取出"工具"，开始"作案"，哈哈，真是"文思如泉涌，下笔如有神"……经过漫长的一个小时痛苦思考及深刻反省之后，老师终于退回了"赃物"及"作案工具"。（郭杭《作弊》，原载于《作文通讯》）

4. 感情色彩反差

感情色彩反差即贬词褒用或褒词贬用。

艾奇逊是不拿薪水的好教员，他是如此诲人不倦地毫不隐讳地说出全篇的真理。（毛泽东《别了，司徒雷登》）"诲人不倦"本是褒义词，文中却指连篇累牍、喋喋不休、不厌其烦地兜售反动说教的艾奇逊。通过这一错位反差，人物的厚颜无耻更暴露无遗。

又比方说，在一对恩爱夫妻之间，有时妻子一句："我恨死了你！"丈夫可千万别误会了太太的意思，她也许是在表达："我爱死了你！"如果这时丈夫不识趣地暴跳如雷，那可大煞风景。

（四）自我解嘲

（1）林肯故事。有一次，林肯和他的大儿子罗伯特乘马车上街，街口被过路的军队堵住了，林肯开门伸出头问一位老乡："这是什么？"意思是哪支部队，老乡以为他不认识军队，答道："联邦的军队呗，你真是大笨蛋。"

林肯说了声谢谢，关上车门，严肃地对儿子说："有人在你面前说老实话，这是一种福气。我的确是一个大笨蛋。"我们真佩服林肯总统的大度与宽容。

（2）希腊哲学家苏格拉底的妻子姗蒂是有名的泼妇，动不动就作河东狮子吼，而苏格拉底从不发火。他说，娶老婆有如驭马，驭马没什么可学，取个悍妇泼妇，于自己修身养性倒是大有好处。有一天，姗蒂在家里吵闹不休，苏格拉底忍无可忍，只好出门。

正走到门口,老婆从楼上倒下一盆污水,淋在苏的头上。苏心平气和地说:"我早就晓得,雷霆过后必有甘霖。"一个自我解嘲,把一腔怒火冲个烟消云散。又迅速进入哲学思考。

(3)教师在教学时自己开自己一个玩笑,没有什么不好的。倒是常常能使自己放松、学生自在,师生间心理距离迅速拉近,为教师教学艺术发挥最高效能铺平道路。

据说著名学者胡适曾应邀到某大学演讲,他引用了孔子、孟子、孙中山的话,并在黑板上写下:"孔说""孟说"和"孙说"。最后,他在发表自己的见解时,紧接着郑重其事地写下"胡说"二字,使学生在大笑中分享他的自我调侃式幽默,并牢牢记住了他的"胡说"内容。

上海特级教师钱梦龙有一次到安徽上示范课,由于听课的人特别多,学生们显得紧张、拘谨,很不利于把课上活。为了使教学别开生面,气氛活跃,钱老师一上课便先拿自己的名字开了个玩笑,说:"有个姓钱的,做梦都想乘龙,你们说他是谁呀?"学生们会心地笑了,马上解除了紧张的心情。师生的心灵得到了初步的沟通,课堂教学随即在宽松欢悦的气氛中顺利进行。

(4)台湾著名艺人凌峰在一次电视台春节联欢晚会上发表了一段精彩的即兴演讲,其中幽默的自我介绍堪称经典。

"在下凌峰……这两年,我们大江南北走了一道,男观众对我的印象特别好,因为他们见到我有点优越感,本人这个样子对他们没有构成威胁,他们很放心,(大笑)他们认为本人长得很中国,(笑声)中国五千年的沧桑和苦难都写在我的脸上了。(笑声、掌声)一般来说,女观众对我的印象不太良好。有的女观众对我的长相已经到了忍无可忍的地步。(笑声)

她们认为我是人比黄花瘦,脸比煤球黑。(笑声)但是我要特别声明,这不是本人的过错,实在是父母的错误,当初并没有征得我的同意就把我生成这个样子。(笑声、掌声)

但是,时代在变,潮流在变,现在的男人基本上可以分为3种:第一种,你看上去很漂亮,看久了也就那么一回事,这一种就像我的好朋友刘文正这种;第二种,你看上去很难看,看久了以后是越看越难看,这种就像我的好朋友陈佩斯这种;(笑声)第三种,你看上去很难看,看久了以后你会发现,他有另一种男人的味道,这种就是在下这种了。(笑声、掌声)鼓掌的都表示同意了!鼓掌的都是一些长得和我差不多的,(笑声)真是物以类聚啊!"(笑声、掌声)

(五)谐音双关

谐音即利用汉语同音字的特点,巧妙组合语句,表达一种隐含的语意双关的意思。幽默思维正是利用这个特点。

 案例

(1)妙老师:"同学们,你们这几天的作业做得好极了。不难看出,其中不少人是受过高等院校教育的。"停了停,他看看我们疑惑的眼神,绷紧了脸:"你看,作业做得一模一样,同对同错的同学,有哪个不是西安机械学院的毕业生?"

（2）《文苑滑稽谈》记载了这样的故事：山东有一学官，在阅卷中发现一份考卷附有一张纸条，写道："同乡某相国，学生童亲妻。"考生写这张纸条，是想让学官知道他是相国亲戚，从而另眼相看，破格录取。

但这位学官为人刚正、主持公道，不肯开"后门"。尤其看到这位考生连"亲戚"的"戚"竟写成了"妻"字，足见学业之差。于是，便故意在卷子上批了一句："该童生既系相国妻，本院断不敢娶（取）。"这位考生误"戚"为"妻"，令人可笑。这位学官将错就错，批语辛辣，更使人捧腹。

（六）韵语讽刺

同样的讽刺内容，用韵语表达更易产生幽默效应。因为韵语朗朗上口，富有美感，能给人以新异刺激，许多民谚民谣极具讽刺幽默意味，就是这个道理。

案例

《废都》中那收破烂的老头儿唱的一段歌谣："一类人是公仆，高高在上享清福；二类人做官倒，投机倒把有人保；三类人搞承包，吃喝嫖赌全报销；四类人来租赁，坐在家里谋利润；五类人大盖帽，吃了原告吃被告；六类人手术刀，腰里揣的是红包；七类人是演员，扭扭屁股赚大钱；八类人搞宣传，隔三岔五解解馋；九类人是教员，山珍海味认不全；十类人主人翁，老老实实学雷锋。"读了这段歌谣，谁个不被它的幽默所打动，在开怀大笑之后，陷入深深的思考和忧虑。

（七）歧义幽默

歧义是指某些词语的多义性，同一词语在不同的语境中可以有不同的理解，而幽默思维就是对这种歧义巧妙利用。

案例

古代《笑林》记载了这样一个故事：有个小伙子是睁眼瞎（不识字），跟人打官司，他自称是瞎子。审判官问道："你一双明亮的青白眼，怎么说是瞎子？"小伙子回答说："老爷看小人是青白眼，小人看老爷是糊涂的。"

这两句话的本意是：你看我看得清，我看你看不清。但是，也可以这样理解：你看，我是清白的；我看，你是糊涂的，这岂不成了绝妙的讽刺。

（八）实话实说

坦诚相见、去粉饰、不做作、实话实说往往会产生幽默的表达效果。

王蒙小说《青春万岁》写李春要讲演,她极力装得自然,甚至于冷淡,结果倒有些不自然。她愁眉苦脸地问同学:"真没办法,这怎么讲呀?""用嘴讲!"同学们回答。大家一笑,李春开始讲了。"用嘴讲"是大实话,但用在这里颇值得玩味,有幽默感。

　　电影《牧马人》中许灵均当了20年"老右",平反后补发了一笔钱。儿子看妈妈认真地数钱,天真地说:"爸爸怎么弄这么多钱财?"妈妈答:"当了20年'老右'补发的!"儿子听了,神情严肃地说:"妈妈,长大了我也当'老右',挣好多好多钱!"这话是出自孩子口中的大实话,听了令人发笑,当然是充满辛酸的笑,足以震撼人心。

（九）巧做比喻

　　巧妙的比喻是修辞中的一朵奇葩,它不仅能使语言焕发光彩,而且富有幽默感。

案例

　　1982年在某地举行的一次修辞学会上,学会负责人第一个做学术报告。他在开场白中诙谐地把自己比作老猴,接着说:"先让我这个老猴来耍一耍,然后你们中猴、小猴耍。我这老猴肯定耍得不如你们好,不过总得带个头吧!"代表们听了觉得很有意思。

　　报告人年近古稀,是修辞学界的老前辈,跟到会的代表都很熟悉,把自己比作老猴,把人家比作中猴、小猴,既得体,又幽默风趣。

（十）巧用拟人

案例

　　驴子下去检查工作,他对随行人员说:"这地方的问题够严重的。你们看,蜘蛛大白天空张着网,定是睡懒觉去了;蜜蜂成天泡在花丛里,已经腐化变质;啄木鸟极端利己,从不关心集体,成天砍树,损公肥私……我看就只有苍蝇表现积极,不怕脏、不怕臭,整天忙个不停,充分体现了敬业精神。"

　　幽默的方法有千千万,需要在实践中不断的琢磨。幽默的目的是激活信息的输出,调剂人际关系,而不是不顾场合的挖苦和嘲讽。有人说,语言的最高境界是幽默。不管怎么说,在演讲中能否运用幽默、运用多少幽默,则是衡量语言高下的重要标准。

　　拥有幽默口才会让人感觉你很风趣,有很高的文化素养和丰富的文化内涵,折射出一个人的美好心灵,这样具有魅力的人谁不喜欢呢?

第五节　态势语言的运用

 案例

英国首相丘吉尔在一次演讲中说:"我们现在的生活水平比历史上任何水平都高,我们现在吃得很多。"讲到这里他故意停了下来,看着听众好一会儿,然后,他盯着自己的大肚皮说:"这是最有力的实证。"

一、态势语言训练

伴随有声语言的表达,还存在一种依靠面部表情、手势和身体姿态动作来辅助表达思想感情的无声语言,称为态势语言。

态势语言训练的重点要求是:①自信挂在脸上;②胸中涌动激情;③举手投足常练习;④嬉笑怒骂有归依。

(一)眼神的训练

(1)眼神交流7法:前视、环视、侧视、点视、虚视、闭目法、仰视、俯视。

前视就是向自己的正前方注视,常用于对现场的掌控。

环视就是向自己的周围一圈进行关注,常用于对现场的掌控。

侧视是向后方比较远的观众注视,可以表示对后方观众的注意,可以起到提醒、警示、沟通、强调的作用。

点视是当发现某些观众有骚动或异常情况时,可以使用点视来观察,也可以用于对个别人的提醒。

虚视是当演讲中非常紧张的时候,可以假设自己的前方空无一人,采用虚视的办法,将目光投向前方来缓解紧张。

闭目法是讲到真情或深情的时候可以采用的方法。如此去做肯定会有很好的效果,更会让人觉得你进入了状态,更容易引起共鸣。

仰视是为了突出表示赞同和认可时,可以采用的方式来注视对方。

俯视是如果要表达"行了,老兄,你这种做法很不切合实际"这样的意思时,可以采用的注视方式。

(2)如果大家眼神里还有疑惑的目光,就需要再解释一遍。

演讲不能自顾自地讲话,一定要根据对方的眼神或者大家的反馈来说话。如果有人没听明白,还有疑虑,就再讲一遍。

(3)看鼻梁,看眉心——让他听见;看眼睛——听到心里去。

表情态势语言训练的注意事项如下。

表情态势语言的训练有两点注意事项：一是要自然、放松；二是要与所讲的内容一致。演讲的时候要求表情自然放松，将微笑、大方得体、热情洋溢、激情满怀放在第一位，再使用自己专业的知识——才情，这样才能周旋得满座春风，发挥出超乎想象的水平，才能使演讲取得成功，而不是玩得高深得不得了，让别人都觉得紧张。

站姿的训练有 3 点注意事项：一是要站稳，也可走动；二是双脚与肩同宽，手自然下垂；三是身体前倾表亲切。站姿要站稳，也可以走动，即使走的时候，也要脚下有根，让双脚与肩同宽，手自然下垂，要给别人一种顺眼的感觉，让别人觉得看你很顺眼，才能让人觉得你做什么都好。

（二）手势的训练

1. 手势训练的注意事项

手势的训练要点和原则可以用 4 个字来概括：自然、协调。具体应用中要根据场合需要灵活调整使用，一般有以下几点注意事项。

（1）上、中、下三躯的运用；

（2）场面大，手势大；场面小，手势小；

（3）肩发力，表示力量；肘发力，表示亲切；

（4）手势应该停留足够长的时间；

（5）自己应准备 3~5 个手势备用。

2. 手势的使用技巧

以手伸出后在身体前的大致位置，可以将手势分为上、中、下三躯。上躯即手伸出后位于胳膊伸直后的位置之上；中躯则指手伸出后位于胳膊伸直后的位置之下，但又处于腹部之上；而下躯则指手伸直后位于腹部之下，手势的使用技巧可以归纳为以下几个要点。

（1）手势很重要；

（2）肩部以上叫上躯；

（3）肩腹之间叫中躯；

（4）腹部以下叫下躯；

（5）上躯表示号召；

（6）中躯表示叙述；

（7）下躯表示鄙视。

3. 手势躯位使用的练习

手势上、中、下三躯，躯位的使用需要和场景相结合，在使用时一般有一些需要加重的语调或关键词，当说这些关键词的时候，就可以同时配合一下手势，下面就是一些相关练习。

一只手，手心向上——中躯。

案例

（1）我早期的生活经历像流动的小溪，我在里边尽情玩耍。在这个句子中，为了突出其中的"流动的小溪"，就可以一只手，手心向上，将手放置于中躯来达到这个效果。

（2）真情、荣誉、正义是他的动机。要突出关键词"正义"，也可使用这种方法。下面列举一些手势躯位练习。

两只手，手心向上——中躯。

例句

例句1：向所有的人宣布这一消息。

例句2：让我们奏起欢乐的音乐，跳舞吧！

一只手，手心向上——上躯。

例句

例句1：乐曲的音调越奏越高。

例句2：攀登吧！无限风光在险峰。

两只手，手心向上——上躯。

例句

例句1：你这美丽的国土，我又回到了你的身边。

例句2：欢呼、跳跃吧！我们成功了！

一只手，手心向上——下躯。

例句

例句1：伟大的人物也是躺在他们倒下的地方。

例句2：他这人太卑鄙了，无法和他相处。

两只手，手心向上——下躯。

例句

例句1：高大的建筑物突然陷入地下。

例句2：仁慈的人大声疾呼："和平！和平！"但是没有和平。

一只手，手心向上——中躯。

例句

例句1：月光洒落在小溪和树林上……

例句2：沿着这寂寞的小路他快步走去。

双手，手心向上——中躯。

例句

例句 1：死一般的沉寂笼罩着大地。

例句 2：她轻轻地躺倒在草地上，仰望着蓝天。

单手，手心向上——上躯。

例句

例句 1：风助火势，火乘风威，火苗越蹿越高。

例句 2：他们对城市即将面临的危险丝毫不知。

双手，手心向上——上躯。

例句

例句 1：夜幕笼罩了群山。

例句 2：环绕他的四周，升起了无形的墙。

单手，手心向上——下躯。

例句

例句 1：这是很有诱惑力的，不过，让它见鬼去吧！

例句 2：你这个胆小鬼，行进起来像条虫。

双手，手心向上——下躯。

例句

例句 1：愤怒的人们会把你从这里清扫出去。

例句 2：我要同他们所有的人断绝关系。

单手，手掌竖立——中躯。

例句

例句 1：不要过分利用我的爱。

例句 2：他用胳膊挡住了攻击。

双手，手掌竖立——中躯。

例句

例句 1：放弃这愚蠢的梦想吧！

例句 2：他们的分离是决定性的。

单手，手掌竖立——上躯。

例句

例句 1：天啊！别做傻事！

例句 2：唱吧！这是块自由的土地。

双手,手掌竖立——上躯。

例句

例句1：人们欢呼："胜利了！胜利了！胜利了！"

例句2：年轻的朋友们,我们的事业是伟大的,我们的前途是光明的,让我们为实现这崇高的目标而奋力拼搏吧！

不管在什么地方讲话,假如有语言参照的话,要把所讲的话中的重点画横杠,然后在表述的时候重点表达。在表达任何语言的时候,也应该刻意地注意使用一些手势语言,例如,对母亲表达"妈,您炒的菜太好吃了！"这时就要手舞足蹈,"妈,今天是您的生日,让我为您唱支歌吧！"这种感慨也要敢于表达。

在生活当中,"人生是条单行线,一江春水向东流",该表达的爱要尽快地表达出来,该表示歉意的地方也应该随时表达出来。

二、 态势语言的原则

态势语言的原则是：一切做开放式动作,除非特定内容一般不做封闭式动作。

除非特定内容不做封闭式动作,这就要求做大气的动作,大大方方地表达,要挥手就挥出去,要举手就举起来,洋洋洒洒,这是一个基本的原则。因为态势语言包括肢体语言的很多成分,头仰到什么程度代表什么,攥着拳头又代表什么,在进行训练的时候,可以先不考虑这些因素,尽量地放开自我去表达。

在演讲中,因为演讲者要面对听众,是"暴露"在众目睽睽之下,所以听众接收的,不仅仅是演讲者的声音,还有演讲者的眼神、表情、手的动作、身体的姿势,演讲者在台上的一颦一笑、举手投足、神情变色都是一种无声语言,它对有声语言起着铺垫、强调等作用,甚至会起到"此时无声胜有声"的良效。

思考与练习

1. 演讲中的技巧有哪些？请举例说明如何运用。

2. 即兴语言技巧中,除了语言方面的基本技巧外,还可以运用哪些工具辅助演讲效果？

参 考 文 献

[1] 徐恒.播音发声学[M].北京：北京广播学院出版社,2004.

[2] 曹希波.好思维决定好口才[M].北京：中国致公出版社,2006.

[3] 王璐.播音员、主持人手册[M].北京：中国传媒大学出版社,2007.

[4] 张颂.中国播音学[M].北京：中国传媒大学出版社,2007.

[5] 张严明.新编普通话口语表达技能教程[M].郑州：郑州大学出版社,2008.

[6] 薄慕真,杜栩名.歌唱与嗓音保健[M].北京：金盾出版社,2009.

[7] 雅瑟.演讲与口才知识大全集[M].北京：企业管理出版社,2010.

[8] 范恒.演讲与口才[M].北京：北京师范大学出版社,2010.

[9] 张祖利.普通话口语技艺[M].青岛：山东人民出版社,2010.

[10] 周劼.口语表达能力训练[M].重庆：重庆大学出版社,2010.

[11] 陈兴炎.普通话口语教程[M].北京：清华大学出版社,2010.

[12] 胡爱民.台词[M].北京：中国电影出版社,2011.

[13] 张立莉,庞晓辉.演讲与口才[M].北京：北京师范大学出版社,2011.

[14] 陈超美.普通话口语表达与水平测试[M].北京：清华大学出版社,2011.

[15] 河北省语言文字培训测试中心.普通话水平测试指导用书[M].北京：商务印书馆,2012.

[16] 陈岗林.演讲与口才[M].北京：科学出版社,2012.

[17] 张宇平.演讲与口才[M].2版.北京：中央广播电视大学出版社,2012.

[18] 彭莉佳.嗓音的科学训练与保健[M].上海：上海音乐出版社,2012.

[19] 文叶.演讲与口才[M].北京：红旗出版社,2012.

[20] 张艳辉,王秋梅.演讲与口才实训教材[M].北京：人民邮电出版社,2013.

[21] 王洋.口语表达技巧与声音训练[M].北京：清华大学出版社,2013.

[22] 胡伟,邹秋珍.演讲与口才[M].北京：清华大学出版社,2013.

[23] 吴应强.演讲口才训练与实用技巧[M].北京：海潮出版社,2013.

[24] 张子泉.演讲与口才实用教程[M].北京：清华大学出版社,2015.

网站参考：

[1] http://baike.baidu.com.

[2] http://wenku.baidu.com.

[3] http://site.douban.com.

[4] http://www.china-language.gov.cn.

[5] http://www.byzc.com.

[6] http://yjbys.com/yanjianggao/kaichangbai/450302.html.

[7] http://gz.eywedu.com/21cnjy/TS013024/0011_ts013024.htm.

[8] http://whwgb110.blog.163.com/blog/static/29838422012489538335.

[9] http://jingyan.baidu.com/article/9158e000821ef4a25412282c.html.

[10] http://act3.edu.qq.com/6557/work/show-id-3981.html.

[11] http://edu.people.com.cn/GB/5889309.html.

[12] http://tieba.baidu.com/p/2970472186.